21st CENTURY
实用规划教材

21世纪全国高等院校财经管理系列实用规划教材·财务会计系列

初级财务会计模拟实训教程

王明珠 主 编
张文忠 主 审
赵 晖 张 晶 林瑞欣 关 敏 副主编
赵 赢 刘 占 徐子淇 孙丹丹 王福佳 参 编

北京大学出版社
PEKING UNIVERSITY PRESS

内 容 简 介

本书以会计初学者为对象，以易学、适用为原则，与初级财务会计教材相匹配，包括模拟实训基础知识及基本技能、会计凭证、建账与记账、会计报表的编制等实务知识和技能。在内容安排上，涵盖了会计科目及账簿、复式记账、借贷记账法、会计确认、会计计量、会计记录、会计报告等会计基本方法的实训。适度链接会计理论知识，加入范例，突出实训。

本书适于应用型高等学校会计学专业师生使用，可以作为初级财务会计课程辅助教材，用于指导课堂教学实训或课后操作技能集中训练，也可为初级财务会计理论课程结束后校内的实践提供资料，还可以用做在岗会计人员的参考用书。

图书在版编目(CIP)数据

初级财务会计模拟实训教程/王明珠主编. —北京：北京大学出版社，2014.2

(21 世纪全国高等院校财经管理系列实用规划教材·财务会计系列)

ISBN 978-7-301-23864-6

Ⅰ. ①初… Ⅱ. ①王… Ⅲ. ①财务会计—高等学校—教材 Ⅳ. ①F234.4

中国版本图书馆 CIP 数据核字(2014)第 020526 号

书　　名：初级财务会计模拟实训教程

著作责任者：王明珠　主编

策 划 编 辑：王显超　李　虎

责 任 编 辑：翟　源

标 准 书 号：ISBN 978-7-301-23864-6/F·3856

出 版 发 行：北京大学出版社

地　　址：北京市海淀区成府路 205 号　100871

网　　址：http://www.pup.cn　　新浪官方微博：@北京大学出版社

电 子 信 箱：pup_6@163.com

电　　话：邮购部 62752015　发行部 62750672　编辑部 62750667　出版部 62754962

印 刷 者：三河市博文印刷厂

经 销 者：新华书店

787 毫米×1092 毫米　16 开本　12.5 印张　288 千字

2014 年 2 月第 1 版　2014 年 2 月第 1 次印刷

定　　价：25.00 元

丛 书 序

我国越来越多的高等院校设置了经济管理类学科专业，这是一个包括经济学、管理科学与工程、工商管理、公共管理、农业经济管理、图书档案学6个二级学科门类和22个专业的庞大学科体系。2006年教育部的数据表明，在全国普通高校中，经济类专业布点1518个，管理类专业布点4328个。其中除少量院校设置的经济管理专业偏重理论教学外，绝大部分属于应用型专业。经济管理类应用型专业主要着眼于培养社会主义国民经济发展所需要的德智体全面发展的高素质专门人才，要求既具有比较扎实的理论功底和良好的发展后劲，又具有较强的职业技能，并且又要求具有较好的创新精神和实践能力。

在当前开拓新型工业化道路，推进全面小康社会建设的新时期，进一步加强经济管理人才的培养，注重经济理论的系统化学习，特别是现代财经管理理论的学习，提高学生的专业理论素质和应用实践能力，培养出一大批高水平、高素质的经济管理人才，越来越成为提升我国经济竞争力、保证国民经济持续健康发展的重要前提。这就要求高等财经教育要更加注重依据国内外社会经济条件的变化，适时变革和调整教育目标和教学内容；要求经济管理学科专业更加注重应用、注重实践、注重规范、注重国际交流；要求经济管理学科专业与其他学科专业相互交融与协调发展；要求高等财经教育培养的人才具有更加丰富的社会知识和较强的人文素质及创新精神。要完成上述任务，各所高等院校需要进行深入的教学改革和创新，特别是要搞好有较高质量的教材的编写和创新工作。

出版社的领导和编辑通过对国内大学经济管理学科教材实际情况的调研，在与众多专家学者讨论的基础上，决定编写和出版一套面向经济管理学科专业的应用型系列教材，这是一项有利于促进高校教学改革发展的重要措施。

本系列教材是按照高等学校经济类和管理类学科本科专业规范、培养方案，以及课程教学大纲的要求，合理定位，由长期在教学第一线从事教学工作的教师编写，立足于21世纪经济管理类学科发展的需要，深入分析经济管理类专业本科学生现状及存在的问题，探索经济管理类专业本科学生综合素质培养的途径，以科学性、先进性、系统性和实用性为目标，其编写的特色主要体现在以下几个方面：

（1）关注经济管理学科发展的大背景，拓宽理论基础和专业知识，着眼于增强教学内容与实际的联系和应用性，突出创造能力和创新意识。

（2）体系完整、严密。系列涵盖经济类、管理类相关专业以及与经管相关的部分法律类课程，并把握相关课程之间的关系，整个系列丛书形成一套完整、严密的知识结构体系。

（3）内容新颖。借鉴国外最新的教材，融会当前有关经济管理学科的最新理论和实践经验，用最新知识充实教材内容。

（4）合作交流的成果。本系列教材是由全国上百所高校教师共同编写而成，在相互进行学术交流、经验借鉴、取长补短、集思广益的基础上，形成编写大纲。最终融合了各地特点，具有较强的适应性。

（5）案例教学。教材具备大量案例研究分析内容，让学生在学习过程中理论联系实际，特别列举了我国经济管理工作中的大量实际案例，这可大大增强学生的实际操作能力。

（6）注重能力培养。力求做到不断强化自我学习能力、思维能力、创造性解决问题的能力以及不断自我更新知识的能力，促进学生向着富有鲜明个性的方向发展。

作为高要求，财经管理类教材应在基本理论上做到以马克思主义为指导，结合我国财经工作的新实践，充分汲取中华民族优秀文化和西方科学管理思想，形成具有中国特色的创新教材。这一目标不可能一蹴而就，需要作者通过长期艰苦的学术劳动和不断地进行教材内容的更新才能达成。我希望这一系列教材的编写，将是我国拥有较高质量的高校财经管理学科应用型教材建设工程的新尝试和新起点。

我要感谢参加本系列教材编写和审稿的各位老师所付出的大量卓有成效的辛勤劳动。由于编写时间紧、相互协调难度大等原因，本系列教材肯定还存在一些不足和错漏。我相信，在各位老师的关心和帮助下，本系列教材一定能不断地改进和完善，并在我国大学经济管理类学科专业的教学改革和课程体系建设中起到应有的促进作用。

2007年8月

刘诗白　现任西南财经大学名誉校长、教授，博士生导师，四川省社会科学联合会主席，《经济学家》杂志主编，全国高等财经院校资本论研究会会长，学术团体“新知研究院”院长。

前　言

为实现财经院校应用型会计专门人才培养目标，满足初级财务会计实训教学的需要，强化学生会计实践能力的培养，我们以现行会计准则为依据，根据高等学校初级财务会计教学大纲，融初级财务会计基本理论及方法、企业会计实务基本操作为一体，依据《中华人民共和国会计法》《企业会计准则2006》《企业会计准则应用指南2010》编写本书。

本书在模式设计上体现了以应用能力培养为核心的会计教学改革的要求，以企业真实的经济活动为背景，选用有实际应用价值的实例、案例，提供的实训资料真实、规范，情景的设计科学、完整。分项训练与综合训练相结合，实训内容具有一定的仿真性、实践性、启发性、应用性和综合性，将实际业务操作训练与职业能力培养相结合。通过模拟实训的操作，能使学生比较系统地掌握会计核算的基本程序和具体方法，加深学生对所学初级财务会计理论知识的理解，使学生初步掌握会计专业基本技能，并为中级财务会计学习打下基础。

本书由王明珠任主编，赵晖、张晶、林瑞欣、关敏任副主编，张文忠任主审。具体编写分工如下：第1章由王明珠编写；第2章由赵赢编写；第3章由关敏编写；第4章由赵晖编写；第5章、第8章由张晶编写；第6章、第7章由林瑞欣编写；第9章由刘占、林瑞欣、赵赢、徐子淇共同编写。图片制作及整理由王福佳、孙丹丹完成。王明珠负责全书总纂，张文忠负责总体审阅。

本书是作者多年在高等学校会计教学实践和探索中形成的成果，书中出现的人名、单位名称和各种印鉴、票据等，是作者根据实际情况仿真设计的。

本书的编写和出版得到了长春光华学院董事长康启鹏先生、张增林院长、于福副院长和李文国副院长的鼎力支持，得到了商学院安烨院长、王忠主任等的悉心指导。同时，庄丽老师为此书的出版做了很多工作，长春大学刘宣杰副教授为书中会计凭证的制作提供了很多帮助。在本书的出版过程中，北京大学出版社给予了大力支持，王显超编辑、翟源编辑付出不少心血，在此一并致谢！

由于时间仓促，编者水平有限，书中难免存在不足之处，恳请读者批评指正。

编　者

2013年10月

目　　录

第 1 章　初级财务会计模拟实训概述 1

1.1　会计核算基本理论 1

1.1.1　会计循环 1

1.1.2　会计核算的基本环节 2

1.1.3　会计核算的基本要求 3

1.2　会计模拟实训目的 4

1.2.1　单元实训目的 4

1.2.2　综合实训目的 4

1.3　会计模拟实训内容及基本要求 5

1.4　模拟企业基本情况及资料 6

1.4.1　模拟企业基本情况及资料——单元实训 6

1.4.2　模拟企业基本情况及资料——综合实训 8

第 2 章　会计基本功实训 11

2.1　会计数字书写实训 11

2.1.1　实训目的要求 11

2.2　计算工具使用实训 15

2.2.1　实训目的要求 15

2.2.2　实训任务 15

2.3　点钞实训 18

2.3.1　实训目的要求 18

2.3.2　实训任务 18

第 3 章　会计科目及账簿设置实训 20

3.1　会计科目及账簿设置 20

3.1.1　会计科目及账簿设置概述 20

3.1.2　实训范例 22

3.1.3　实训资料及要求 24

3.2　期初余额登记实训 24

3.2.1　期初余额登记概述 24

3.2.2　期初余额登记方法 24

3.2.3　实训范例 25

3.2.4　实训资料及要求 29

第 4 章　会计确认、会计计量、会计记录实训 32

4.1　原始凭证的填制与审核实训 32

4.1.1　原始凭证的填制与审核概述 ... 32

4.1.2　实训范例 33

4.1.3　实训资料及要求 35

4.2　借贷记账法应用与记账凭证编制实训 40

4.2.1　借贷记账法应用与记账凭证编制概述 40

4.2.2　实训范例 41

4.2.3　实训资料及要求 44

4.3　科目汇总表编制实训 54

4.3.1　科目汇总表编制概述 54

4.3.2　实训范例 54

4.3.3　实训资料及要求 57

4.4　会计账簿登记实训 58

4.4.1　会计账簿登记概述 58

4.4.2　实训范例 58

4.4.3　实训资料及要求 62

第 5 章　成本计算实训 63

5.1　资产取得成本的计算 63

5.1.1　资产取得成本的计算概述 63

5.1.2　实训范例 64

5.1.3　实训资料及要求 67

5.2　资产耗费成本的计算 71

5.2.1　资产耗费成本的计算概述 71

5.2.2　实训范例 72

5.2.3　实训资料及要求 76

5.3 产品生产成本的计算 78
5.3.1 产品生产成本的计算概述 78
5.3.2 实训范例 78
5.3.3 实训资料及要求 85

第6章 期末会计结转实训 91

6.1 期末会计结转概述 91
6.1.1 期末会计结转的内容与程序 91
6.1.2 期末会计结转的账务处理 92
6.2 实训范例 94
6.2.1 制造费用及完工产品生产成本结转 94
6.2.2 收入费用及损益类账户结转 95
6.3 实训资料及要求 96
6.3.1 实训资料 96
6.3.2 实训要求 97

第7章 对账与结账实训 99

7.1 对账与结账操作程序及范例 99
7.1.1 对账的内容及基本操作程序 99
7.1.2 结账基本操作方法及范例 99
7.2 实训资料及要求 103
7.2.1 对账实训及要求 103
7.2.2 结账实训及要求 105

第8章 会计报告编制实训 106

8.1 资产负债表编制 106
8.1.1 资产负债表编制概述 106
8.1.2 实训范例 107
8.1.3 实训资料及要求 118
8.2 利润表编制 122
8.2.1 利润表编制概述 122
8.2.2 实训范例 122
8.2.3 实训资料及要求 124

第9章 综合模拟实训 125

9.1 综合模拟实训目的及要求 125
9.1.1 实训目的 125
9.1.2 实训要求 125
9.1.3 实训步骤 125
9.1.4 实训时间安排 126
9.1.5 实训考核 127
9.2 综合模拟实训资料及要求 127
9.2.1 模拟企业基本情况及资料 127
9.2.2 实训要求 129
9.2.3 实训资料 129

第 1 章　初级财务会计模拟实训概述

1.1　会计核算基本理论

会计核算的本质体现为会计信息的制造加工与披露，同时，由于在会计活动中，会计主体的会计实践活动要受到会计人员心理支配和会计环境影响，因此在某种程度上会计行为主体具有一定的主动防御、主动进攻能力，也具有一定的信息反馈、参与管理、控制和预测功能。

1.1.1　会计循环

在业务操作层面，会计核算是企业将一定时期发生的所有经济业务，依据一定的步骤和方法，加以记录、分类、汇总直至编制会计报表的会计处理全过程。在连续的会计期间，这些工作周而复始地不断循环进行。从填制凭证到登记账簿，直至编出会计报表周而复始的变化过程，就是一般称谓的会计循环。

会计循环的基本内容是：经济业务发生后，经办人员要填制或取得原始凭证，即对于发生的经济业务进行初步的确认和记录；会计人员审核整理原始凭证，即在审核的原始凭证的基础上，运用复式记账法，通过编制会计分录填制记账凭证；根据记账凭证，按照设置的会计科目(账户)，登记账簿，包括日记账及明细分类账；定期汇总记账凭证(或编制科目汇总表)，根据借贷记账法的基本原理进行发生额试算平衡，并据此登记总分类账；编制调整分录，将收付实现制转换为权责发生制；依据凭证和账簿记录对生产经营过程中发生的各项费用进行成本计算；结账，即将有关账户结算出本期发生额和期末余额；对账，包括账证核对、账账核对和账实核对；财产清查，对账簿记录加以核实，保证账实相符；试算平衡，即根据借贷记账法的基本原理进行全部总分类账户的借方与贷方总额的试算平衡；定期编制会计报表和其他财务报告。会计循环如图 1.1 所示。

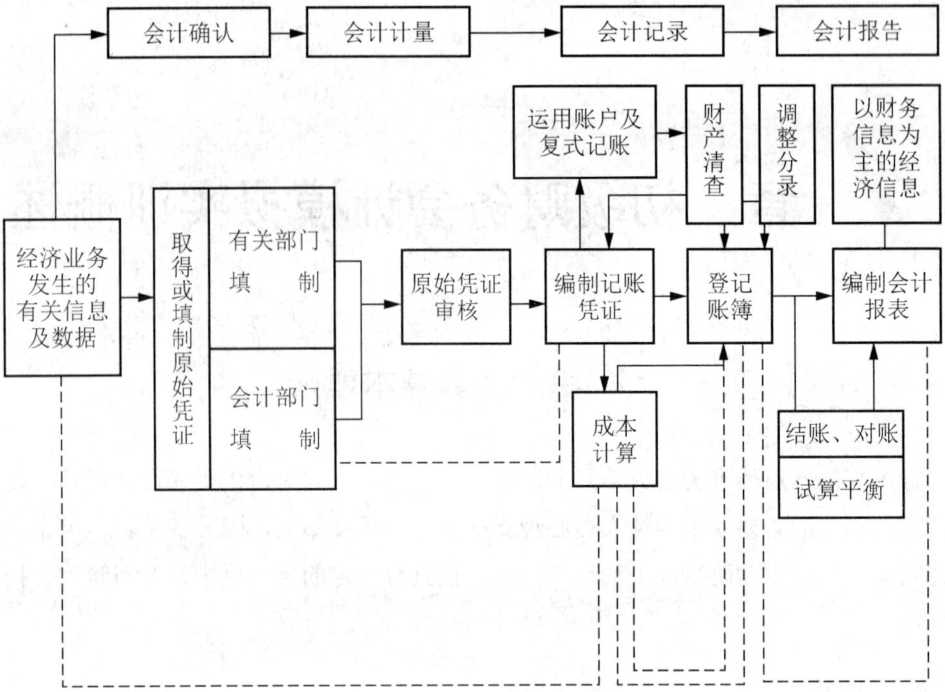

图 1.1　会计循环

1.1.2　会计核算的基本环节

在会计循环中，基本环节可以概括为会计确认、会计计量、会计记录、会计报告。

1. 会计确认

会计确认，是按照一定的标准和方法，对经济事项是否列入会计记录和会计报表加以辨认的行为过程，即确定有关经济事项及数据能否进入会计信息系统的工作行为。会计确认包括资产、负债、所有者权益、收入、费用和利润的确认等。会计确认要解决的主要问题是会计信息系统应输入哪些经济信息，采取何种方式输入，即对应输入会计核算系统的经济业务定性。会计确认是加工处理及输出会计信息的关键环节和前提条件，是影响会计信息质量的重要因素。因此，国家制定的有关准则、制度等对会计确认规范要求严格。

会计确认要按一定程序和标准进行，其标准要概括为：可定义性，即被确认项目要符合所属会计要素的定义和特征；可计量性，即被确认项目必须具有明确和可靠的计量属性，可以用货币计量；相关性，即被确认项目反映的会计信息必须与会计信息使用者决策及管理相关，并具有使其改变决策的功能，从而保证会计信息的有用性；可靠性，即被确认项目必须能真实表达，且客观、可验证；审慎性，即在会计确认时考虑外部因素和未来因素对被确认对象的影响，客观审慎地做出判断；未来经济利益可能性，即被确认事项应能给企业带来经济利益。按上述会计确认标准，会计确认应按会计主体及会计期间的会计要素加以确认，若经济事项与会计主体的会计要素无关，则不能确认为会计业务。

2. 会计计量

会计计量，指选择运用一定的计量尺度(货币度量为主，实物和劳动度量为辅)对已确认的会计要素进行定量反映，使之转化为会计数据及会计信息的行为。会计计量是一种量化行为，主要解决会计计量化问题，目的在于对资产计价和收益计量，以反映企业财务状况和经营成果及实际完成的受托责任。会计计量是会计信息形成的关键环节，会计核算过程的实质就是会计计量过程。会计计量以会计确认为前提和基础，是会计确认的必然结果。

会计计量方法包括历史成本计量(也称历史购价计量)、重置成本计量(也称现行成本计量)、现行销售价格计量(也称市场销售牌价计量)、可变现值计量(也称未来交换价格计量，属于产出计量)、公允价值计量(即交易双方自愿和认可的公允价格计量)等。

3. 会计记录

会计记录，是会计人员将反映经济活动的会计数据按一定程序和规则分类记录于会计凭证和会计账簿，实现会计信息系统化的行为。会计记录在会计信息处理的全过程中起核心作用，会计确认、会计计量决定会计信息应该输入的经济业务及其价值量，但必须借助有关载体分类记录归集，以全面、系统、连续反映会计信息，实现会计信息的现实性和系统性。会计记录是会计信息加工处理的必要途径，其工作质量直接影响会计信息质量及其有用性。

会计记录具体包括运用账户和复式记账方式填制会计凭证、登记明细分类账及总分类账、成本计算等工作，会计记录为会计报表编制提供基础和前提。

4. 会计报告

会计报告，是指会计主体编制和报送会计报表的过程。会计信息的系统性及有用性通过编制会计报表的过程能最终得以实现。会计报告行为是会计确认、会计计量和会计记录的综合反映，对企业已发生的经济活动，经过会计确认、计量和记录，形成的会计信息较为分散，会计报告编制是将分散的会计信息条理化、系统化。企业会计报告经注册会计师审计后，传递给有关各方，以帮助其及时了解企业财务状况、经营成果及现金流量，评价企业受托经济责任，满足投资者、债权人及有关方面管理、决策及对会计信息的需要。

1.1.3 会计核算的基本要求

1. 对会计依据的基本要求

《中华人民共和国会计法》第九条规定：“各单位必须根据实际发生的经济业务事项进行会计核算，填制会计凭证、登记会计账簿、编制财务会计报告。任何单位不得以虚假的经济业务事项或者资料进行会计核算。”以实际发生的经济业务事项为依据进行会计核算，是会计核算的重要前提，是填制会计凭证，登记会计账簿，编制财务会计报告的基础，是保证会计资料质量的关键。

2. 对会计资料的基本要求

《中华人民共和国会计法》第十三条规定：“会计凭证、会计账簿、财务会计报告和其他会计资料，必须符合根据统一的会计制度的规定。任何单位和个人不得伪造、变造会计凭证、会计账簿及其他会计资料，不得提供虚假的财务会计报告。”会计资料是记录会计核算过程和结果的重要载体，是反映单位财务状况和经营成果、评价经营业绩、选择合作对象、进行投资决策的重要依据。规范会计行为的国家统一的会计制度主要有财政部发布的一系列会计准则及指南、会计制度、《会计基础工作规范》、《会计档案管理办法》等。

3. 对会计电算化的基本要求

《中华人民共和国会计法》第十三条规定："使用电子计算机进行会计核算的，其软件及其生成的会计凭证、会计账簿、财务会计报告和其他会计资料，也必须符合国家统一的会计制度的规定。"这是为了保证计算机生成的会计信息真实、完整和安全，以加强对会计电算化工作的规范。该规定有两层含义：一是使用电子计算机进行会计核算的单位，使用的会计软件必须符合国家统一的会计制度的规定；二是通过电子计算机生成的会计信息必须符合国家统一的会计制度的要求，即通过电子计算机生成的会计凭证、会计账簿、财务会计报告在格式、内容及会计资料的真实性、完整性等方面，都必须符合国家统一的会计制度的规定。

1.2 会计模拟实训目的

初级财务会计模拟实训属于初级财务会计课程的实践教学环节，分别在初级财务会计理论课程进行中及结束之后完成，即理论课程单元实训、实践环节综合实训。通过两个环节的模拟实训，实现课堂理论教学与实践教学的有效结合。在会计实训的仿真模拟环境中，学生根据实训内容及要求，自己动手，亲历从填制原始凭证、编制记账凭证、登记账簿到编制会计报表的全过程，以加深学生对会计基础理论和基本方法的理解，使其对企业会计工作环境有较为系统和完整的认识，培养独立处理会计业务的能力，为后续学习和就业奠定坚实的理论基础和实践基础。

1.2.1 单元实训目的

在初级财务会计课程学习过程中，根据本书给定的资料，按照课程学习的单元及进度，分别进行会计基本功实训；会计科目及账簿设置(开账)实训；会计确认、会计计量、会计记录(复式记账、借贷记账法、会计凭证、会计账簿)实训；成本计算实训；期末会计结转实训；结账与对账实训；会计报告编制实训。通过单元实训，理解会计基本理论，掌握会计基本方法。

1.2.2 综合实训目的

根据本书给定的资料，模拟企业全部会计工作，对于企业发生的经济业务，完成从审核填制会计凭证到设置并登记会计账簿，最后编制会计报表的全过程的实际操作训练。通过系统模拟训练，掌握借贷记账法的理论及记账规则，熟练运用借贷记账法处理会计业务。熟悉会计核算组织程序及实质内容，掌握科目汇总表核算组织程序的运用和操作。

初级财务会计综合模拟实训的任务如下：

(1) 根据所提供的资料，填制与审定原始凭证。

(2) 根据所提供的资料(原始凭证)，在审定的基础上，完成填制记账凭证。

(3) 根据给定资料，设置并登记各种账簿，包括库存现金日记账、银行存款日记账、明细分类账。

(4) 编制科目汇总表，进行账户发生额试算平衡，登记总分类账。

(5) 期末编制结转及调整分录。
(6) 期末结账和对账，进行全部账户发生额及余额试算平衡。
(7) 编制会计报表。
(8) 对会计档案进行整理，并装订成册。

1.3 会计模拟实训内容及基本要求

1. 开设账簿

根据会计科目设置三栏式明细分类账、多栏式明细分类账、数量金额式明细分类账，设置总分类账簿，分别各账户，将上期各账户期末余额过入转为本期期初余额。

要求：根据给定资料开设账簿，依据企业 11 月份账户期末余额表，选择相对应的账户，过入本期期初余额。

2. 熟悉经济业务，填制原始凭证

根据经济业务的实际发生和完成的真实情况编制必要的会计分录。

要求：通过发生的经济业务，识别并填制原始凭证，为编制记账凭证、登记账簿奠定基础。

3. 分析经济业务，审核原始凭证，编制和审核记账凭证

识别、审核外来原始凭证，根据外来和自制的原始凭证，填制、审核记账凭证。

要求：明确会计凭证的作用、种类，掌握会计凭证的填制和审核方法。正确识别并确认所发生的经济业务，掌握主要经济业务的账户对应关系，运用借贷记账法编制正确的会计分录。

4. 序时登记库存现金日记账和银行存款日记账

根据记录收款及付款业务的记账凭证，逐笔登记库存现金日记账和银行存款日记账。

要求：熟悉各种日记账的内容、格式，根据库存现金收、付款凭证、银行存款收、付款凭证，登记库存现金日记账和银行存款日记账，逐笔结出余额。每日终了，对库存现金日记账进行日结。

5. 登记明细分类账

依据每张记账凭证的会计分录所确定的应借、应贷金额，分别过入有关明细分类账户。

要求：必须以凭证为依据登记账簿。了解明细分类账的种类、内容及格式，掌握明细分类账的登记方法。

6. 编制科目汇总表，试算平衡，登记总分类账

根据记账凭证编制填制科目汇总表，进行账户发生额试算平衡，依据科目汇总表登记总分类账。

要求：明确科目汇总表核算组织程序，总分类账的种类、内容及格式，掌握科目汇总表的编制及总分类账的登记等实际操作方法，并通过上述实训内容进一步理解明细分类账

和总分类账的平行登记理论。根据会计等式的平衡关系来检查、验证会计分录和过账工作有无错误，以确定账簿记录的正确性。

7. 成本计算，财产清查

依据期初及本期会计资料，进行存货成本及库存商品成本计算、结转。根据分类账户提供的会计数据和会计主体财产清查的结果，在每一个会计期末进行对账，以确保账簿所反映的会计资料的正确、真实和可靠。

8. 编制结转及调整分录

根据本期会计资料，结转收入、成本、费用，计算并结转所得税费用及利润。

要求：掌握调整分录编制的方法，即根据债权发生制和配比原则的要求，按照收入、费用的归属期，对账户记录进行必要的调整，从而正确地计算出当期损益和反映企业会计期末的财务状况。

9. 结账、对账，试算平衡

对本期发生的经济业务，完成账簿登记后，分别账户结出本月发生额及期末余额。将总分类账与所属明细分类账进行核对。

要求：根据本期内全部入账的经济业务的内容，将各种账簿记录结算清楚，即结算出本期发生额和期末余额，总分类账与所属明细分类账发生额和期末余额核对相符，为编制会计报表提供标准的会计数据资料。

10. 编制资产负债表、利润表

根据分类账户中有关账户的发生额和各账户的期末余额，编制资产负债表、利润表，满足投资者、经营者、债权人及政府部门的财政、税务、审计等监督部门及时地了解报表单位的会计信息，以及相关部门做出经济决策的需要。

要求：熟悉资产负债表、利润表的基本结构，明确不同报表项目的编制原理、编制依据、编制方法。

11. 整理、装订会计档案

整理本期会计凭证，装订会计凭证。

要求：使实习资料条理系统、规范、整齐。

1.4 模拟企业基本情况及资料

1.4.1 模拟企业基本情况及资料——单元实训

吉林省光大机械设备公司始建于 1997 年，1998 年正式投产，是由个人投资兴建的工业性企业，主要生产甲、乙两种机床。该公司位于长春市经济开发区，占地面积 40 000 平方米，现有职工 420 人。

1. 企业基本情况

(1) 企业名称：吉林省光大机械设备公司。

(2) 法人代表：于海卫。
(3) 开户银行：中国农业银行长春分行。
(4) 账号：1468753121。
(5) 联系电话：0431-86745321。
(6) 地址：吉林省长春市经济开发区昆山路 781 号。
(7) 邮编：130117。
(8) 纳税人登记号：210204365672245。
(9) 纳税人类别：一般纳税人。
(10) 记账本位币：人民币。
(11) 行业：工业制造业。
(12) 类型：有限责任公司。

2. 公司组织机构、职能部门设置及岗位分工

公司下设公司办公室、财务会计部、人事部、设备部、采购仓储部、销售部、生产部、半成品库、成品库、原材料仓库等部门，设有 1 个生产车间和 1 个辅助车间。

职能部门设置及负责人见表 1-1。

表 1-1 职能部门设置及负责人

部门	岗位	姓名
公司办公室	主任	杨靖
	干事	朱军
财务会计部	部长	杨毅
	副部长	李鸣
人事部	部长	孙红
设备部	部长	赵利健
采购仓储部	部长	张霖
销售部	部长	赵强
生产部	部长	黄晓明
生产车间	生产车间主任	刘志
辅助车间	辅助车间主任	王一军

公司相关部门管理人员岗位分工见表 1-2。

表 1-2 岗位及人员分工

编号	部门	岗位	姓名
1	财务会计部	制单	方新
2	财务会计部	稽核	沈严
3	财务会计部	报表	张俊
4	财务会计部	总账	萧华
5	财务会计部	明细账	张清
6	财务会计部	出纳员	廉明
7	财务会计部	成本费用	李大为
8	采购仓储部	采购员	张岚

(续表)

编号	部门	岗位	姓名
9	采购仓储部	验收员	王连鹤
10	原材料仓库	保管员	李湘莲
11	半成品库	保管员	柳园
12	成品库	保管员	刘岚

3. 主要结算方式

主要结算方式为现金结算、银行转账支票结算。

4. 主要供应商及档案

主要供应商及档案见表 1-3。

表 1-3　主要供应商及档案

编号	供应商名称	开户银行	账号	纳税人登记号
1	鞍山钢铁公司	市中国工商银行营业部	2554232067	648966111616618
2	包头钢铁厂	市中国工商银行营业部	5231006154	761152131351333
3	唐山钢铁厂	中国工商银行路北分行	6045773012	38561128197764

5. 主要客户及往来档案

公司主要客户往来档案见表 1-4。

表 1-4　主要客户往来档案

编号	客户名称	开户银行	账号	纳税人登记号
1	新民制造厂	中国工商银行东郊支行	7100254032	852699756321115
2	长春机械制造厂	市中国工商银行营业部	4700208486	336620451782361
3	利民机械制造厂	中国工商银行长春支行	2173089344	250731966822731

6. 会计政策

(1) 会计制度：本公司执行《企业会计准则 2006》、《企业会计准则应用指南 2010》。

(2) 会计年度：本公司采用公历年度，以每年 1 月 1 日～12 月 31 日为一个会计年度。

(3) 记账本位币：本公司以人民币为记账本位币。

(4) 记账原则和计价基础。本公司以权责发生制为记账原则，以历史成本为计价基础。

(5) 资产计价方法：原材料的购入按实际成本法进行日常核算，原材料的发出采用先进先出法计价；库存商品按实际成本计价，库存商品发出采用先进先出法计价。

(6) 固定资产折旧方法为平均年限法，综合折旧率为 6%。

(7) 坏账准备计提比例为 5‰。

1.4.2　模拟企业基本情况及资料——综合实训

1. 实训企业的基本情况

(1) 企业名称：万隆股份有限公司。

(2) 地址：吉林省长春市正阳路108号。

(3) 电话：0431-5963652。

(4) 企业纳税人登记号：220121638978552。

(5) 开户行及账号：中国工商银行正阳支行，2206065305-29。

(6) 企业的注册资金及股本构成如下：

注册资金为1 000万元人民币。其中恒通公司以人民币出资510万元，占股份的51%；德顺公司以固定资产出资280万元，占股份的28%；自然人孙海奇以无形资产出资130万元，占股份的13%；自然人李臣以人民币出资80万，占股份的8%。

(7) 公司设置的主要机构、岗位及人员分工见表1-5。

表1-5 企业职能部门设置及负责人

部门	岗位	姓名
厂部	法人代表	袁伟
设备部	设备部主管	邢凯
销售部	销售部主管	王伟
供应部	供应部主管	李明辉
	材料验收员	李艳
	企业保管员	王力
生产车间	生产车间主管	黄军
	车间领料员	张一阔
财务会计部	财务部主管	郝敏
	会计	陈娜
	审核	常磊
	出纳	吕燕
	明细账记账	方倩
	总账记账	李玉云

2. 实训企业的企业内部会计制度

1) 会计工作组织机构及账务处理程序

企业会计工作组织形式采用集中核算形式，记账方法采用借贷记账法，账务处理采用科目汇总表核算程序。

2) 会计核算方法

(1) 存货核算方法：原材料、库存商品、周转材料的收发结存采用实际成本计价，按先进先出法核算。

(2) 坏账损失核算方法：坏账损失采用备抵法，年末按应收账款余额的5‰提取。

(3) 税金的核算方法：本企业为增值税一般纳税人，税率为17%。全部材料、库存商品的采购及销售均为不含税价格。营业税税率为5%，城市维护建设税按流转税额的7%计算缴纳；教育费附加按流转税额的3%计算缴纳。企业所得税的会计处理采用应付税款法核算，税率为25%。

(4) 固定资产核算方法：固定资产折旧采用平均年限法计提。其中：房屋建筑物类折旧年限为25年，机器设备折旧年限为10年。

(5) 费用及产品生产成本核算方法：企业成本核算采用一级成本核算体制；一个基本生产车间，生产风机-100X、风机-200X 两种产品，外购水费直接按各受益单位数量比例分配。车间生产工人工资按产品生产工时比例在产品间进行分配。养老保险个人部分按应付职工薪酬的 8%计提。

(6) 结转成本方法：产成品月末一次结转成本。

(7) 利润及利润分配的核算方法

年末按利润净额的 10%提取法定盈余公积，然后按投资比例进行分配。

3. 会计科目名称及编号

会计科目名称及编号，参见初级财务会计教材及具体实训项目。

第 2 章　会计基本功实训

2.1　会计数字书写实训

2.1.1　实训目的要求

1. 实训目的

会计数字书写规范是会计的基础工作，直接关系到会计工作质量的优劣和会计管理水平的高低，以及会计数据资料的准确性、及时性和完整性。通过实训，了解和掌握财会阿拉伯数字书写习惯，达到书写规范化。数字书写要做到正确、清晰、整齐、流畅、标准、规范和美观。了解和掌握中文大写数字的标准写法，做到要素齐全、数字正确、字迹清晰、不错漏、不潦草。

2. 实训要求

1) 会计阿拉伯数字的书写要求

(1) 每个数字要大小匀称，笔画流畅；每个数码独立有形，使人一目了然，不能连笔书写。

(2) 书写排列有序且字体要自右上方向左下方倾斜书写(数字与底线通常成 60° 的倾斜)。

(3) 书写的每个数字要贴紧底线，但上不可顶格。一般每个格内数字占 1/2 或 2/3 的位置，要为更正数字留有余地。

(4) 会计数码书写时，应从左至右，笔画顺序是自上而下，先左后右，防止写倒笔字。

(5) 同行的相邻数字之间要空出半个阿拉伯数字的位置，但也不可预留间隔(以不能增加数字为好)。

(6) 除“4”、“5”以外，数字必须一笔写成，不能人为地增加数字的笔画。

(7) 数字“6”要比一般数字向右上方长出 1/4，数字“7”和“9”要向左下方(过底线)长出 1/4。

(8) 对于易混淆且笔顺相近的数字，在书写时，尽可能地按标准字体书写，区分笔顺，避免混同，以防涂改。

阿拉伯数字参考字体如图 2.1 所示。

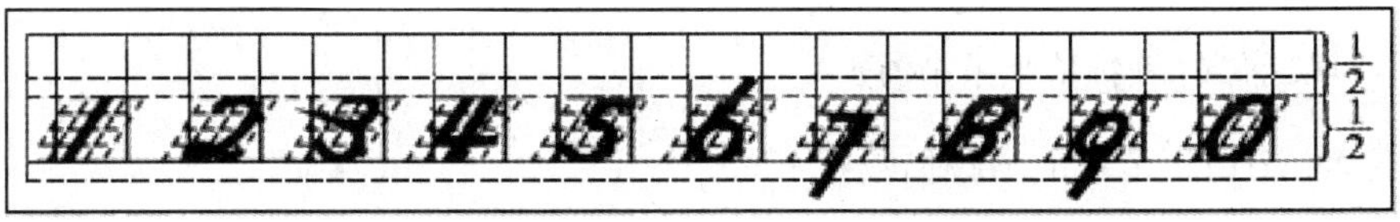

图 2.1　阿拉伯数字参考字体

2) 会计中文大写数字的书写要求

(1) 汉字大写数字(零、壹、贰、叁、肆、伍、陆、柒、捌、玖、拾、佰、仟、万、亿)及元、角、分、整等一律用正楷或行书字体书写，要做到规范、流畅、清晰，字体要各自成形，不得连笔。

(2) 不允许使用非国务院公布的简化字、谐音字、自造符号、自造简化字。不得用“0”、“一”、“二”、“三”、“四”、“五”、“六”、“七”、“八”、“九”、“十”等简化字代替。不得用“毛”代替“角”或用“另”代替“零”。

(3) 大写金额要紧靠“人民币”3 个字书写，不得留有空白；如果大写数字前没有印“人民币”字样的，应加填“人民币”3 个字。

(4) 大写金额数字到“元”或“角”，在“元”或“角”后写“整”字或者“正”字；大写金额有“分”的，“分”后面不写“整”字。例如，“¥12 000.00”应写为“人民币壹万贰仟元整”。又如，“¥48 651.80”可写为“人民币肆万捌仟陆佰伍拾壹元捌角整”，而¥486.56应写为“人民币肆佰捌拾陆元伍角陆分”。

(5) 分位是“0”可不写“零分”字样，如“¥4.60”应写为“人民币肆元陆角整”。

(6) 阿拉伯金额数字中间有“0”的，汉字大写金额要写“零”字。例如，“¥1 409.50”应写为“人民币壹仟肆佰零玖元伍角整”。

(7) 阿拉伯金额数字元位是“0”时，或者数字中间连续有几个“0”，元位也是“0”，但角位不是“0”时，汉字大写金额可以只写一个“零”字，也可以不写“零”字。例如，“¥1 680.32”汉字大写金额应写为“人民币壹仟陆佰捌拾元零叁角贰分”，或者写为“人民币壹仟陆佰捌拾元叁角贰分”。又如，“¥97 000.53”汉字大写金额应写为“人民币玖万柒仟元零伍角叁分”，或者写成“人民币玖万柒仟元伍角叁分”。

(8) 阿拉伯金额数字角位是“0”，而分位不是“0”时，汉字大写金额“元”后面应写“零”字。

(9) 阿拉伯金额数字最高是“1”时，汉字大写金额应写“壹”字。

(10) 在印有大写金额“万”、“仟”、“佰”、“拾”、“元”、“角”、“分”位置的凭证上书写大写金额时，金额前面如有空位，可划“0”注销，阿拉伯金额数字中间有几个“0”(含分位)，汉字大写金额就写几个“零”字。

中文大写数字参考字体如下。

楷书：**零 壹 贰 叁 肆 伍 陆 柒 捌 玖**

行楷：**零 壹 贰 叁 肆 伍 陆 柒 捌 玖**

1. 用规范化的阿拉伯数字书写

在表 2-1 中用规范化的阿拉伯数字书写。

表 2-1

阿拉伯数字书写

2. 中文大写数字写成阿拉伯数字

将下列中文大写数字写成阿拉伯数字：

(1) 人民币贰拾柒元伍角肆分　　应写成________________

(2) 人民币伍仟贰佰万零陆仟玖佰柒拾捌元整　　应写成________________

(3) 人民币叁仟万零贰拾元整　　应写成________________

(4) 人民币壹拾玖万零贰拾叁元整　　应写成________________

(5) 人民币玖角捌分　　应写成________________

(6) 人民币柒万肆仟伍佰零贰元捌角陆分　　应写成________________

(7) 人民币玖仟叁佰元零伍角整　　应写成____________

(8) 人民币贰拾肆万零捌佰零壹元零玖分　　应写成____________

(9) 人民币壹拾万元整　　应写成____________

(10) 人民币陆佰万元零柒分　　应写成____________

3. 用楷体和行楷练习中文大写数字

对照表 2-2 中的文字分别用楷体和行楷练习中文大写数字的书写。

表 2-2 中文大写数字书写练习

零							零						
壹							壹						
贰							贰						
叁							叁						
肆							肆						
伍							伍						
陆							陆						
柒							柒						
捌							捌						
玖							玖						
拾							拾						
佰							佰						
仟							仟						
万							万						
亿							亿						
元							元						
角							角						
分							分						
整							整						

4. 将阿拉伯数字写成中文大写数字

(1) ¥28 703.49　　应写成____________

(2) ¥160 000.00　　应写成____________

(3) ¥580.20　　应写成____________

(4) ¥3 000 070.10　　应写成____________

(5) ¥60 104.09　　应写成____________

(6) ¥109 080.80　　应写成____________

(7) ¥206 054.03　　应写成____________

(8) ¥80 001.20　　应写成____________

(9) ¥76 003 000.00　　应写成____________

(10) ¥96 274.58　　应写成____________

2.2 计算工具使用实训

2.2.1 实训目的要求

1. 实训目的

开发学生智力，锻炼学生意志，促进其思维发展，培养学生的注意力和观察力，使学生了解财会专业所必需的珠算与计算器基础知识、基本技能，并具备该技能的初、中级水平和操作能力，为就业和继续学习打下坚实的基础。

2. 实训要求

掌握珠算指法，保证拨珠计算又快又准，掌握珠算加减法的基本知识和基本类型；掌握盲打计算器的基本功，熟练地掌握计算器运算、账表算与传票算及小键盘输入；运算时精力要集中，练习时要认真。

2.2.2 实训任务

1. 珠算加减练习

1) 直加法练习

4 325＋5 162 =	61 725＋83.051 =
8 402＋1 576 =	476.12＋21.85 =
210.87＋258.12 =	260.13＋12.56 =
5.14＋74.60 =	7 231＋51 608 =
62 213＋15 260 =	5 294＋53 805 =

2) 补五加练习

4 312＋52 344 =	235.14＋420.42 =
84 321＋2 444 =	62 342＋4 234 =
1 234＋6 432 =	43 231＋13 434 =
74 324＋1 342 =	524.31＋42.34 =
24 342＋53 224 =	14.23＋643.42 =

3) 进十加练习

6 798＋5 463 =	456.80＋755.30 =
78.96＋343.25 =	429.88＋893.37 =
7 459＋83 953 =	89 873＋33 449 =
89 673＋32 548 =	62.78＋759.43 =
938.24＋84.97 =	7 895＋44 565 =

4) 破五进十练习

6 757＋7 667 =	568＋14 686 =
67.56＋386.76 =	7 576＋6 768 =
3 275.86＋69.67 =	3 576＋74 968 =

58.96+96.78 =	26.87+98.69 =
57 768+12 686 =	7 685+36 769 =

5) 直减法练习

4 498−2 132 =	67 849−51 726 =
6 398−5 266 =	97 649−82 615 =
83 697−62 135 =	768.94−561.82 =
82 976−61 955 =	98.74−63.51 =
67 958−61 352 =	79 468−57 106 =

6) 破五减练习

6 857−2 413 =	758.66−424.48 =
5 768−1 324 =	7 586−3 142 =
8 756−4 312 =	55 863−12 432 =
865.76−441.32 =	86 755−42 312 =
65 875−42 431 =	458.67−14.23 =

7) 退十减练习

82 613−69 724 =	253.56−154.78 =
110.29−33.47 =	325.65−146.87 =
61 512−47 953 =	752.34−289.45 =
925.41−638.59 =	624.13−395.84 =
73 221−49 387 =	84 321−75 498 =

8) 退十补五减练习

143.42−87.96 =	744.21−398.76 =
344.32−89.76 =	612.34−467.79 =
52 314−26 867 =	824.31−379.86 =
542.43−396.87 =	614.23−269.78 =
84 132−49 687 =	53 424−46 968 =

2. 计算器打传票练习

542.12	226 274.68	6 728.64
679 246.31	6 789.25	697.41
648.29	6 407.26	69 247.35
52 276.34	9 276.31	532.46
55.64	69 276.31	5 279.54
5 479 216.34	648.26	4 279.64
579.23	64.28	64 278.29
8 346.21	9 146 276.34	65 513.64
978.24	25 249.37	46.26
74 249.16	9 248.32	2 249 716.34
487.34	957 246.28	5 609.34

648 276.43	3 297.35	69 249.53
6 758.24	569.79	126 209.31
734.26	52 246.38	4 269.73
41.26	69 240.52	887 246.52
2 247 937.24	24 279.32	1 146.29
56 346.97	46.37	2 409.82
695 241.32	2 489 246.27	4 216.64
349 246.21	461.26	80.24
3 549.52	697 274.16	7 216 249.88
489.72	247 369.26	5 279.91
97 349.82	6 247.92	649 279.34
6 279.41	82 379.62	498 237.91
597.36	6 249.72	36 298.34
67.34	9 273.23	63 348.75
5 123 279.35	246.18	34 279.55
62 249.87	46.95	4 264.26
468 216.56	5 214 372.94	74 246.12
958 246.61	487.32	46.52
246.23	58 249.37	5 479 241.22
798 306.15	986.37	65 279.41
497 279.51	67 719.46	8 274.12
69 246.23	487 240.23	3 249.87
46 789.64	632 145.28	2 197.34
24.92	379 246.28	94 340.37
9 246 706.26	164.29	817 271.44
37 487.14	49.32	5 346.23
6 279.14	1 348 249.37	51 468.72
379 209.21	18 246.92	33.77
526.34	8 246.72	9 179 648.26
46 279.21	379 279.45	9 206.17
349.87	379 279.42	6 497.82
379 206.21	6 248.79	6 248.79
64 279.15	379 246.12	6 246.78
81.29	3 753.61	924 643.05

9 246 261.38	98 346.71	921 647.52
6 726.24	24.03	91 346.28
167.58	6 174 621.97	321 658.74
198.26	1 608.92	64.32
379 216.33	8 924.76	2 179 642.35

2.3 点钞实训

2.3.1 实训目的要求

1. 实训目的

掌握纸币整点的技能，能运用手持式点钞法和扇面点钞法进行纸币的清点；培养学生的观察和思考能力；培养学生的手、眼、心相配合能力。

2. 实训要求

掌握手持式单指单张点钞法的捻点和弹点；掌握手持式单指多张点钞法和多指多张点钞法；掌握扇面点钞法。实训结束后点钞要达到出纳员的基本水平。

2.3.2 实训任务

用手持式单指单张、手持式单指双张、手持式多指多张、扇面点钞法各点 30 把钞券。

任务一：将全班同学按 1∶1 比例分成点钞监考员和参赛者两部分。扮演参赛者的同学就座于 1、3、5、7、9 等排座位中，每人手持 600 张点钞卷(参赛选手不知道有多少张)置于桌面正确位置上。扮演监考员的同学手持手机计时器或者秒表分别对应每一位参赛者站立。老师宣布比赛开始，参赛者体验一下用手持式点钞法在 30 秒时间内能点多少张钞卷。

任务二：将全班同学按 1∶1 比例分成点钞监考员和参赛者两部分。扮演参赛者的同学就座于 1、3、5、7、9 等排座位中，每人手持 600 张点钞卷(参赛选手不知道有多少张)置于桌面正确位置上。扮演监考员的同学手持手机计时器或者秒表分别对应每一位参赛者站立。老师宣布比赛开始，参赛者体验一下用多指多张点钞法在 30 秒时间内能点多少张钞卷。

任务三：将全班同学按 1∶1 比例分成点钞监考员和参赛者两部分。扮演参赛者的同学就坐于 1、3、5、7、9 等排座位中，每人手持 600 张点钞卷(参赛选手不知道有多少张)置于桌面正确位置上。扮演监考员的同学手持手机计时器或者秒表分别对应每一位参赛者站立。老师宣布比赛开始，参赛者体验一下用扇面点钞法在 30 秒时间内能点多少张钞卷。

任务四：将全班同学按 1∶1 比例分成点钞监考员和参赛者两部分。扮演参赛者的同学就座与 1、3、5、7、9 等排座位中，每人手持 30 把点钞卷(每把为 100 张)放在桌面正确位置上。扮演监考员的同学手持手机计时器或者秒表分别对应每一位参赛者站立。老师宣布比赛开始，参赛者体验一下在最短时间内，进行扎把。

任务五：将全班同学按 1∶1 比例分成点钞监考员和参赛者两部分。扮演参寨者的同学就座与 1、3、5、7、9 等排座位中，每人手持 1100 张点钞卷(参赛选手不知道有多少张)。扮演监考员的同学手持手机计时器或者秒表分别对应每一位参赛者站立。老师宣布比赛开始，参赛者体验一下在最短时间内完成点钞、扎把工作。

任务六：首先，在教室用课桌隔排出十条间隙地带作为“收银通道”和“收银台”，在将全班同学按 1∶20 比例分成收银员和顾客两部分。扮演顾客的同学持多本课本或其他有清晰标价的物品及足够现金，列队通过收银通道。扮演收银员的同学站在各通道的一端进行收银，体验一下如何在因等待而失去耐心的“顾客”面前“冷静快速”地收银。

最后，请同学们自己创设一些与日常生活类似的情景进行实训。

“点钞”大赛评分标准及状元大赛现场

1. 决赛评分标准

本次比赛时间限定 5 分钟

(1) 点数正确，按每把 100 张，加计有效张数；散把清点正确的，按实际清点张数加计有效总张数。点数不正确(包括整把和散把)，该把有效张数为 0。

(2) 点整把数正确者，若选手存在未拆腰条或直接撕破腰条进行点数、未按照规定标注差错或标注不清晰、扎把不紧、漏盖名章或名章不清、盖章位置错误等问题，每出现一处扣 10 张有效张数。

(3) 不听从口令操作，抢前拖后操作者，扣减 100 张。

(4) 本比赛项目得分计算办法为最后有效总张数除以 6。

2. 评分标准中有关词汇和标准的含义说明

(1) 选手不拆把直接点钞。

(2) 选手撕破或勾断腰纸条。

(3) 未标注差错，差错把标注不清：选手在腰条上所写的数字模糊不清，无法正确辨认。

(4) 扎把不紧：能提起钞券把的第一张(不能抖动)，如果该张钞券滑出或错位超过 1 厘米(不包括 1 厘米)视为不紧。如果扎把后又崩开，也视为不紧

(5) 扎把不齐：有些钞券露头 5 毫米或呈梯形错位明显。

(6) 漏盖名章：有些钞券把没有盖章。

(7) 名章盖错位置：指选手没有在腰条侧面盖章，在其他位置上盖章。

(8) 盖章不清晰：指姓名模糊无法辨认。

第3章　会计科目及账簿设置实训

3.1　会计科目及账簿设置

3.1.1　会计科目及账簿设置概述

通过会计科目及账簿设置实训，对会计实务中不同账簿的设置、登记和结账等会计基础工作，进行系统的、全面的操作，将所学的会计基础知识转化为会计实务的基本操作能力，为进一步学习财务会计打下扎实的基础。要求根据所给资料为企业开设总分类账及明细分类账。

1. 会计账簿设置依据

会计账簿设置的依据为《企业会计准则——应用指南2006》及企业上一年年末的总账与明细账的余额，如图3.1所示。

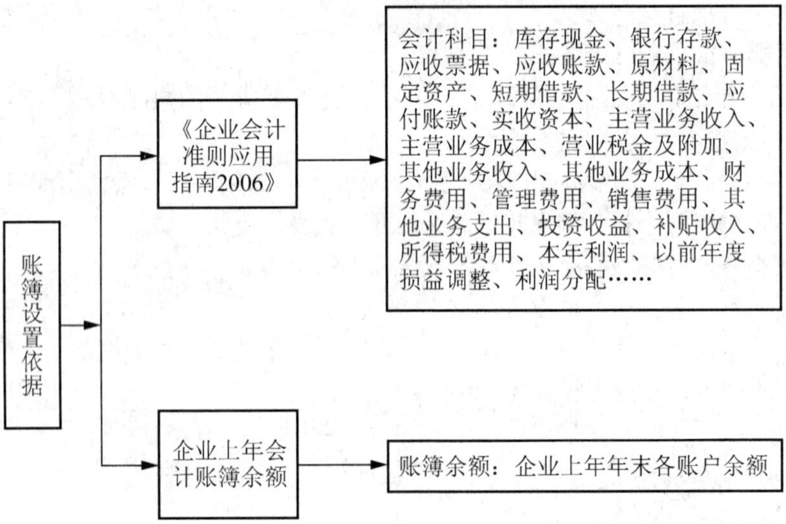

图3.1　会计账簿设置依据

2. 账簿种类及建账流程

账簿种类如图3.2所示。

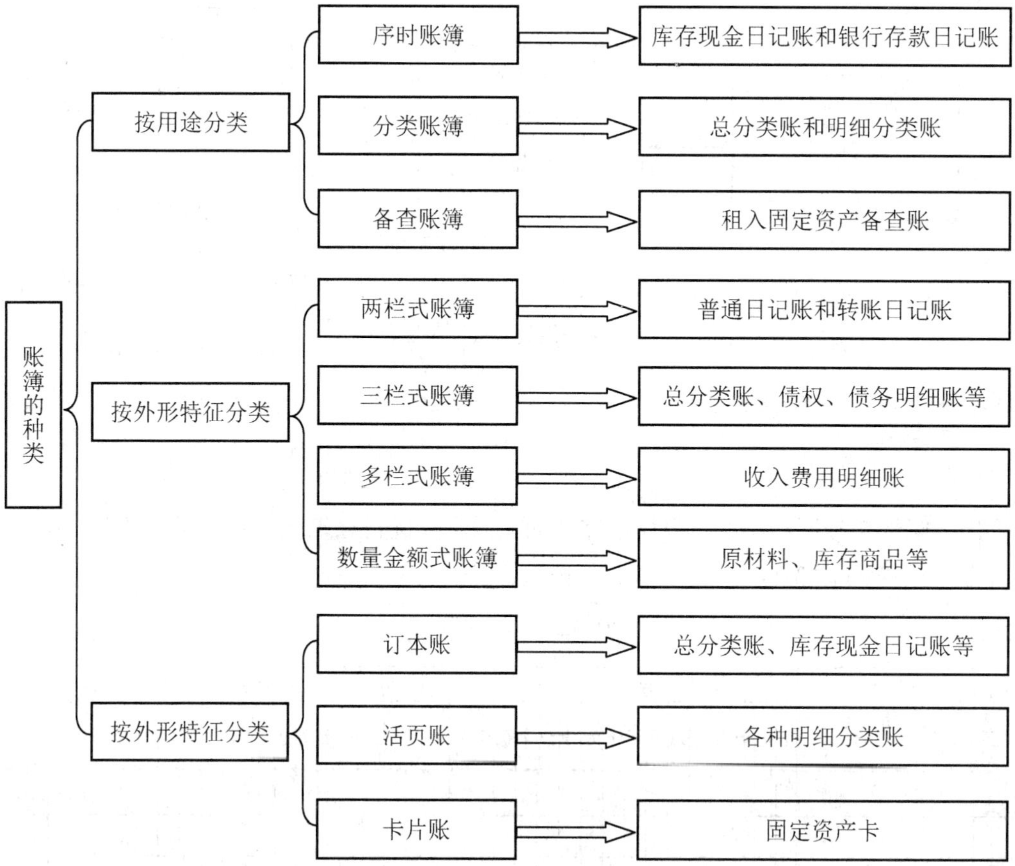

图 3.2　账簿分类

各种账簿的设账流程如图 3.3～图 3.5 所示。

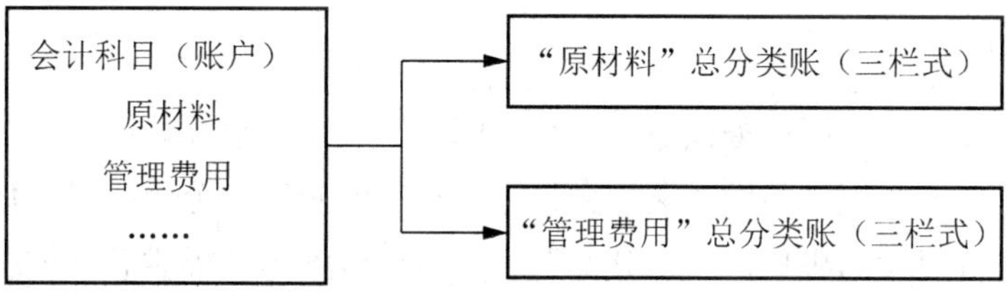

图 3.3　总分类账设账流程

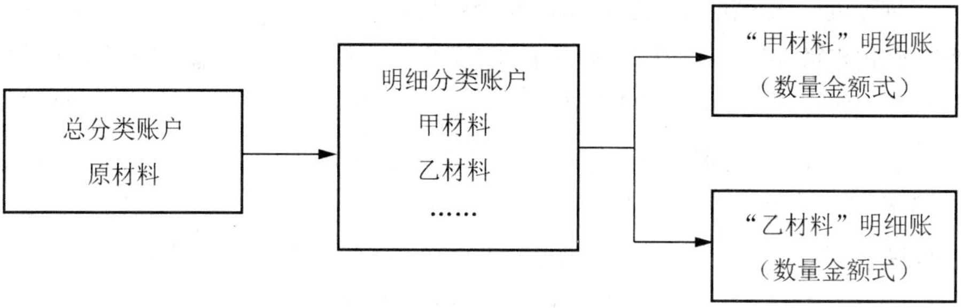

图 3.4　资产类明细账设账流程

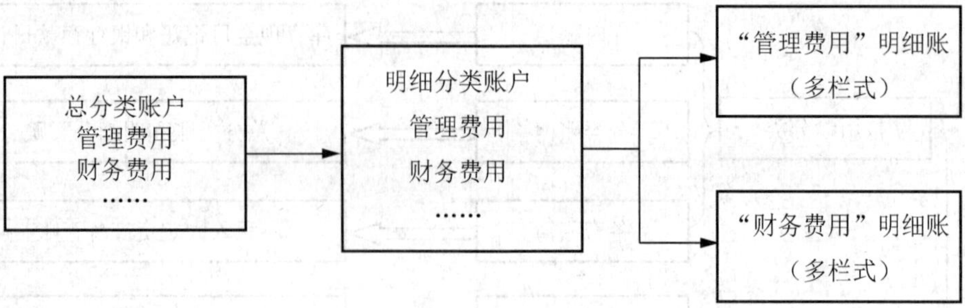

图 3.5 费用类明细账设账流程

3.1.2 实训范例

1. 序时账簿

序时账簿是按照经济业务发生或完成的先后顺序逐日逐笔连续登记的账簿，一般有库存现金日记账(账簿 3-1)、银行存款日记账等。

账簿 3-1 **库存现金日记账** 第 1 页

2011		凭证号码	摘要	√	借方												贷方												借或贷	余额											
月	日				十	亿	千	百	十	万	千	百	十	元	角	分	十	亿	千	百	十	万	千	百	十	元	角	分		十	亿	千	百	十	万	千	百	十	元	角	分
12	1		期初余额																										借								5	1	0	0	0

2. 分类账簿

分类账簿是对各项经济业务按照其所涉及的账户进行分类登记的账簿。分类账簿按其提供的核算资料的详细程度不同，又可分为总分类账簿和明细分类账簿两种。总分类账簿是根据总分类科目开设的账户，用来分类登记全部经济业务，提供总括核算资料的分类账簿。明细分类账簿是根据总账科目，按其所属的二级或明细科目设置的账户，用来分类登记某一类经济业务，提供明细核算资料的分类账簿。

(1) 三栏式账簿(账簿 3-2 和账簿 3-3)，账簿的账页格式只开设借、贷、余(或收、付、余)三个栏目，用以记录金额，适用于只需要进行金额核算的明细分类账及总分类账，如“应收账款”总分类账、“应付账款”总分类账及其所属明细分类账。总分类账、库存现金日记账、银行存款日记账必须采用订本账形式。

(2) 数量金额式账簿，在借、贷、余(或收、付、余) 三栏下再设“数量”、“单价”和“金额”栏，以便全面记录反映经济业务的数量和金额。数量金额式账簿适用于存货类明细账，如“原材料”、“库存商品”、“委托加工物资”、“固定资产”等明细账(账簿 3-4)。

账簿 3-2

总分类账

会计科目：原材料　　　　　　　　　　　　　　　　　　　　　　第 37 页

2011		凭证号码	摘要	√	借方												贷方												借或贷	余额											
月	日				十	亿	千	百	十	万	千	百	十	元	角	分	十	亿	千	百	十	万	千	百	十	元	角	分		十	亿	千	百	十	万	千	百	十	元	角	分
12	1		期初余额																										借						1	0	0	0	0	0	0

账簿 3-3

明细分类账

会计科目：应收账款

户名：安邦公司　　　　　　　　　　　　　　　　　　　　　　　第 21 页

2011		凭证号码	摘要	√	借方												贷方												借或贷	余额											
月	日				十	亿	千	百	十	万	千	百	十	元	角	分	十	亿	千	百	十	万	千	百	十	元	角	分		十	亿	千	百	十	万	千	百	十	元	角	分
12	1		期初余额																										借							2	0	0	0	0	0

账簿 3-4

原材料明细分类账

明细账户：甲材料　　　　　　　　　　　　　　　　　　　　　　计量单位：吨

2011		凭证号	摘要	收入			发出			结存		
月	日			数量	单价	金额	单价	数量	金额	单价	数量	金额
12	1		期初余额							6000.00	10	60 000.00

(3) 多栏式账簿，是账页中的“借方”、“贷方”或借贷两方分设若干专栏，详细反映该账户核算内容的账簿。多栏式明细分类账主要适用于收入、费用、成本、利润等类的明细分类核算，如“生产成本”、“制造费用”、“管理费用”、“销售费用”等明细分类账采(账簿 3-5)。

账簿 3-5

生产成本明细分类账

产品名称：A 产品　　　　数量：　　　　　　　　　　　　规格：

2011		凭证号码	摘要	合计							成本项目																				
											直接材料							直接人工							制造费用						
月	日			万	千	百	十	元	角	分	万	千	百	十	元	角	分	万	千	百	十	元	角	分	万	千	百	十	元	角	分
12	1		期初余额	2	4	7	9	0	0	0	2	4	7	9	0	0	0														

3. 备查账簿

备查账簿又称辅助账簿，是对序时账簿和分类账簿等主要账簿未能记载的或记载不全面的经济业务进行补充登记的账簿，如 “委托加工材料登记簿”、“租入固定资产登记簿”、“仓库备查账”等。

3.1.3 实训资料及要求

(1) 资料：吉林省光大机械设备公司 2011 年 1 月 1 日资产、负债及所有者权益余额见表 3-1。

表 3-1 期初余额

2011 年 1 月 1 日

资　产	金　额	负债及所有者权益	金　额
库存现金	3 500.00	长期借款	30 000.00
银行存款	50 000.00	应付账款	5 000.00
应收账款		实收资本	50 000.00
——蓝天工厂	20 000.00	资本公积	15 000.00
原材料			
——101#	26 500.00		
合计	100 000.00	合　计	100 000.00

(2) 要求：根据期初余额表(表 3-1)开设该公司 2011 年账户。

3.2 期初余额登记实训

3.2.1 期初余额登记概述

期初余额登记是会计核算工作的开端，即把各账户的期初余额登记到账户中去，然后根据发生的经济业务登记本期发生额，月末结出本期发生额及期末余额。

3.2.2 期初余额登记方法

新的会计年度开始时，企业应更换各类账簿，并将上期各类账户的期末余额过入当期各账簿中，作为期初余额。

期初登记账簿时，必须填写日期、经济业务内容摘要、金额等内容。

登记账簿时，要使用蓝黑或者碳素墨水书写，不得使用圆珠笔。

账簿记录上的文字必须清晰、端正，摘要内容清楚，数字书写规范。

例如，根据某企业 2011 年 12 月初给出的各账户期初余额资料，开设库存现金总账：首先在“日期”栏填写“12 月 1 日”，其次在“摘要”栏填“月初余额”，在“借或贷”栏里填写“借”(因为“库存现金”是资产类账户)，然后按照期初库存现金余额填在“余额”栏。其他总分类账、日记账、明细账等账户期初余额开设的方法相同。(见账簿 3-6、账簿 3-7)

账簿 3-6

总分类账

会计科目：原材料

2011		凭证号码	摘要	√	借方												贷方												借或贷	余额											
月	日				十	亿	千	百	十	万	千	百	十	元	角	分	十	亿	千	百	十	万	千	百	十	元	角	分		十	亿	千	百	十	万	千	百	十	元	角	分
12	1		期初余额																										借						1	0	0	0	0	0	0

账簿 3-7

库存现金日记账

第 1 页

2011		凭证号码	摘要	√	借方												贷方												借或贷	余额											
月	日				十	亿	千	百	十	万	千	百	十	元	角	分	十	亿	千	百	十	万	千	百	十	元	角	分		十	亿	千	百	十	万	千	百	十	元	角	分
12	1		期初余额																										借								5	1	0	0	0

3.2.3 实训范例

吉林省光大机械设备公司，2011 年 11 月 30 日总分类账与明细分类账余额见表 3-2。

表 3-2

吉林光大机械设备公司总账与明细账余额

2011 年 11 月 30 日

科目编号	一级科目	明细科目	余额		账页格式
			借　方	贷　方	
1001	库存现金		510.00		三栏式
1002	银行存款		50 000.00		三栏式
1021	应收票据		5 000.00		三栏式
1122	应收账款				三栏式
		新民制造厂	2 000.00		三栏式
		长春机械制造厂	1 000.00		三栏式
1221	其他应收款				三栏式
		张岚	300.00		三栏式
1403	原材料				三栏式
		甲材料	60 000.00		数量金额
		乙材料	40 000.00		数量金额
1405	库存商品				三栏式
		A 产品	50 000.00		数量金额
		B 产品	30 000.00		数量金额
5001	生产成本				三栏式
		A 产品	24 790.00		多栏式
		B 产品			多栏式

(续表)

科目编号	一级科目	明细科目	余额		账页格式
			借方	贷方	
1601	固定资产		521 400.00		三栏式
1602	累计折旧			150 000.00	三栏式
4104	利润分配		35 000.00		三栏式
2001	短期借款			30 000.00	三栏式
2201	应付票据			10 000.00	三栏式
2202	应付账款				三栏式
		包头钢铁厂		6 000.00	三栏式
2221	应交税费			2 500.00	三栏式
2232	应付股利				三栏式
		三利公司		3 300.00	三栏式
4001	实收资本			504 000.00	三栏式
4103	本年利润			40 000.00	三栏式
4101	盈余公积			74 200.00	三栏式
	合计		820 000.00	820 000.00	三栏式

1. 明细分类账设置

根据吉林省光大机械设备公司12月总分类账及明细分类账期初余额，开设库存现金、银行存款日记账及其他明细账，账簿3-8～账簿3-14。

账簿3-8

库存现金日记账

第2页

2011		凭证号码	摘要	√	借方												贷方												借或贷	余额											
月	日				十	亿	千	百	十	万	千	百	十	元	角	分	十	亿	千	百	十	万	千	百	十	元	角	分		十	亿	千	百	十	万	千	百	十	元	角	分
12	1		期初余额																										借								5	1	0	0	0

账簿3-9

明细分类账

会计科目：应收账款

账户：新民制造厂

2011		凭证号码	摘要	√	借方												贷方												借或贷	余额											
月	日				十	亿	千	百	十	万	千	百	十	元	角	分	十	亿	千	百	十	万	千	百	十	元	角	分		十	亿	千	百	十	万	千	百	十	元	角	分
12	1		期初余额																										借							2	0	0	0	0	0

账簿 3-10

明细分类账

会计科目：应付账款

账户：长春机械制造厂

2011		凭证号码	摘要	√	借方												贷方												借或贷	余额											
月	日				十	亿	千	百	十	万	千	百	十	元	角	分	十	亿	千	百	十	万	千	百	十	元	角	分		十	亿	千	百	十	万	千	百	十	元	角	分
12	1		期初余额																										贷							1	0	0	0	0	0

账簿 3-11

明细分类账

会计科目：其他应收款

账户：张岚

2011		凭证号码	摘要	√	借方												贷方												借或贷	余额											
月	日				十	亿	千	百	十	万	千	百	十	元	角	分	十	亿	千	百	十	万	千	百	十	元	角	分		十	亿	千	百	十	万	千	百	十	元	角	分
12	1		期初余额																										借							3	0	0	0	0	0

账簿 3-12

原材料明细分类账

明细账户：甲材料　　　　计量单位：吨

2011		凭证号码	摘要	收入			发出			结存		
月	日			数量	单价	金额	单价	数量	金额	单价	数量	金额
12	1		期初余额							300.00	200	60 000.00

账簿 3-13

生产成本明细分类账

产品名称：A 产品　　　　数量：　　　　规格：

2011		凭证号码	摘要	合计							成本项目：直接材料							直接人工							制造费用						
月	日			万	千	百	十	元	角	分	万	千	百	十	元	角	分	万	千	百	十	元	角	分	万	千	百	十	元	角	分
12	1		期初余额	2	4	7	9	0	0	0	2	4	7	9	0	0	0														

账簿 3-14

明细分类账

会计科目：应付账款

账户：包头钢铁厂

2011		凭证号码	摘要	√	借方												贷方												借或贷	余额											
月	日				十	亿	千	百	十	万	千	百	十	元	角	分	十	亿	千	百	十	万	千	百	十	元	角	分		十	亿	千	百	十	万	千	百	十	元	角	分
12	1		期初余额																										贷							6	0	0	0	0	0

2. 总分类账设置

根据吉林省光大机械设备公司 12 月总分类账期初余额开设总账，账簿 3-15～账簿 3-17。

账簿 3-15

总分类账

会计科目：原材料

2011		凭证号码	摘要	√	借方												贷方												借或贷	余额											
月	日				十	亿	千	百	十	万	千	百	十	元	角	分	十	亿	千	百	十	万	千	百	十	元	角	分		十	亿	千	百	十	万	千	百	十	元	角	分
12	1		期初余额																										借						1	0	0	0	0	0	0

账簿 3-16

总分类账

会计科目：库存商品

2011		凭证号码	摘要	√	借方												贷方												借或贷	余额											
月	日				十	亿	千	百	十	万	千	百	十	元	角	分	十	亿	千	百	十	万	千	百	十	元	角	分		十	亿	千	百	十	万	千	百	十	元	角	分
12	1		期初余额																										借						8	0	0	0	0	0	0

账簿 3-17

总分类账

会计科目：实收资本

2011		凭证号码	摘要	√	借方												贷方												借或贷	余额											
月	日				十	亿	千	百	十	万	千	百	十	元	角	分	十	亿	千	百	十	万	千	百	十	元	角	分		十	亿	千	百	十	万	千	百	十	元	角	分
12	1		期初余额																										贷					5	0	4	0	0	0	0	0

3.2.4 实训资料及要求

1. 实训资料

(1) 长春光华设备公司 2011 年 12 月 1 日有关总分类账期初余额，见表 3-3。

表 3-3

总分类账期初余额表

2011 年 12 月 1 日　　　　单位：元

账户名称	借方余额	账户名称	贷方余额
库存现金	2 510.00	短期借款	150 000.00
银行存款	250 000.00	应付账款	128 779.00
应收票据	50 000.00	应付职工薪酬	192 320.34
应收账款	254 352.00	其他应收款	123 769.00
其他应收款	8 506.00	应交税费	33 500.00
原材料	363 026.04	实收资本	3 593 000.00
库存商品	2 260 000.00	资本公积	888 440.81
生产成本	70 490.00	盈余公积	871 537.66
固定资产	2 887 338.77	未分配利润	803 900.00
累计折旧	−620 000.00		
无形资产	877 904.00		
在建工程	381 120.00		
合计	6 785 246.81	合计	6 785 246.81

(2) 相关明细分类账账户余额，见表 3-4。

表 3-4

明细分类账户余额

2011 年 12 月 1 日　　　　单位：元

账户名称	明细账	借方余额	贷方余额
固定资产		2 887 338.77	
	厂房(1 栋)	1 010 000.00	
	办公楼(1 栋)	324 000.00	

(续表)

账户名称	明细账	借方余额	贷方余额
	锅炉(1 台)	189 705.00	
	公用设施(1 套)	123 338.00	
	机械设备(1 套)	616 164.65	
	车床(1 台)	3 750.00	
	铣床(1 台)	19 500.00	
	帕萨特轿车(1 台)	286 864.00	
	运输车(1 台)	9 000.00	
	计算机(2 台)	9 600.00	
	复印机(1 台)	10 900.00	
	……		
原材料		363 026.04	
	钢材	295 995.35	
	钢板	8 722.82	
	……		
库存商品		172 936.00	
	甲产品	56 135.00	
	乙产品	34 901.00	
	丙产品	56 391.00	
	丁产品	24 000.00	
	……	……	
应收账款		254 352.00	
	沈阳第一机床厂	16 700.00	
	吉林农机公司	31 900.00	
	大连远东机械公司	17 355.00	
	哈尔滨东胜机械厂	33 600.00	
	长春四环机械公司	56 890.00	
	……	……	
在建工程		381 120.00	
	仓库	381 120.00	
其他应收款		8 506.00	
	吴林	1 000.00	
	郑强	4 950.00	
	孙志坚	2 556.00	
应付账款			128 779.00
	鞍山钢铁公司		21 280.00
	北京钢铁公司		17 499.00
	……		……
短期借款	中国工商银行		100 000.00
			100 000.00
应交税费	城建税		33 500.00
			33 500.00

(续表)

账户名称	明细账	借方余额	贷方余额
实收资本			3 593 000.00
	张文采		1 900 000.00
	王一飞		1 023 000.00
	李建国		670 000.00

2. 实训要求

(1) 根据实训资料(1)，开设总分类账。

(2) 根据实训资料(2)，开设明细分类账。

第4章 会计确认、会计计量、会计记录实训

4.1 原始凭证的填制与审核实训

4.1.1 原始凭证的填制与审核概述

原始凭证是指在经济业务发生时取得或填制的，用以证明经济业务的发生或完成情况，并作为登账的原始依据的凭证。

原始凭证应具备的基本内容包括原始凭证的名称；填制原始凭证的日期及编号、接受原始凭证的单位名称、经济业务的数量和金额，以及填制凭证单位的名称和有关人员的签章。

原始凭证按其来源不同，分为自制原始凭证和外来原始凭证两种。

1. 自制原始凭证

自制原始凭证是由本单位内部经办业务的部门或个人，在完成某项经济业务时所填制的凭证。原始凭证是具有法律效力的证明文件，因此原始凭证的填制必须符合下列基本要求：

第一，记录真实。原始凭证上记录的经济业务，必须与实际情况完全相符，不能弄虚作假。

第二，手续齐备。原始凭证的填制手续必须符合内部牵制原则的要求。

第三，内容齐全。填写原始凭证时，凭证要素要填写齐全，不能遗漏。

第四，书写规范。填写的文字和数字要清楚和规范，一般凭证如果书写错误，应按规定的方法予以更正，不得随便涂改、刮擦或挖补。

第五，编制及时。每笔经济业务发生或完成后，经办人员必须按照有关制度的规定及时填制，并按照规定的程序送交会计部门，以便及时记账。

2. 外来原始凭证

外来原始凭证是指在同外单位发生经济往来关系时，从外单位取得的凭证。原始凭证必须经过指定的会计人员审核无误之后，才能作为记账的依据。这是保证会计核算资料的真实、完整、正确和合法，充分发挥会计监督作用的重要环节。原始凭证的审核主要有以下内容：

第一，审核原始凭证的合法性。审核原始凭证所记载的经济业务是否合法、合理，有无违法乱纪的行为。

第二，审核原始凭证的正确性。审核原始凭证的摘要是否填写清楚；日期是否真实；实物数量、单价及数量与单价的乘积是否正确；小计、合计及数字大小写有无错误；审核凭证有无刮擦、挖补和伪造原始凭证等情况。

第三，审核原始凭证的完整性。审核原始凭证所具备的内容是否齐全。

4.1.2 实训范例

【例 4-1】20××年 12 月 8 日，吉林省光大机械设备公司收到新民制造厂货款 1 600.00 元，款已存入银行。

要求：填制银行进账单，见凭证 4-1。

凭证 4-1

中国农业银行**进账单**（收账通知） 3 № 0099035

20×× 年 12 月 8 日

出票人	全称	长春市新民制造厂	收款人	全称	吉林省光大机械设备公司
	账号	7100254032		账号	1468753121
	开户银行	工行东郊支行		开户银行	中国农业银行长春分行
人民币（大写）	壹仟陆佰元整		千百十万千百十元角分		1 6 0 0 0 0
票据种类	转账				
票据张数	1				
单位主管 会计 复核 记账			收款人开户行盖章		

此联是收款人开户银行交给收款人的收账通知

中国农业银行长春农行学院分理处 20××.12.08 业务讫章 (2)

【例 4-2】12 月 9 日，吉林省光大机械设备公司以银行存款支付包头钢铁厂货款 42 600.00 元。

要求：填制银行电汇凭证，见凭证 4-2。

凭证 4-2

中国农业银行**电汇**凭证 （回 单） 1 第 号

委托日期 20×× 年 12 月 9 日

汇款人	全称	吉林省光大机械设备公司		收款人	全称	内蒙古包头钢铁厂	
	账号或住址	1468753121			账号或住址	17592278091001	
	汇出地点	吉林省长春市县	汇出行名称：中国农业银行长春分行		汇入地点	内蒙古包头市县	汇入行名称：市工行营业部
金额	人民币（大写）	肆万贰仟陆佰元整			千百十万千百十元角分	¥ 4 2 6 0 0 0 0	
汇款用途：货款							
上列款项已根据委托办理，如需查询，请持此回单来行面洽。				汇出行盖章		年 月 日	
单位主管 会计 出纳 记账							

此联汇出行给汇款人的回单

中国农业银行 20××.12.09 业务讫章 (2)

【例 4-3】12 月 2 日，吉林省光大机械设备公司向包头钢铁厂购入圆钢 2 000 千克，单价 55.00 元，钢管 1 000 千克，单价 37.00 元，增值税税率为 17%，上述材料已验收入库。

要求：审核增值税专用发票，见凭证 4-3。

凭证 4-3

吉林省增值税专用发票　№ 543769

3501034140

发票联

开票日期：20××年 12 月 02日

购货单位	名　　称：吉林省光大机械设备公司 纳税人识别号：210204365672245 地址、电话：长春市经济开发区昆山路781号0134-86745321 开户行及账号：中国农业银行长春分行1468753121			密码区	5952、+<<>60+92>52*47+ /599<>6>+007965742*91 7+<*4+--521/695*889>2 411971>>>2-1+/519>>>5		加密版本：01 2200041170 00495511	
货物或应税劳务名称	规格型号	单位	数量	单价	金额	税率	税额	
圆钢		公斤	2000	55.00	110,000.00	17%	18700.00	
钢管		公斤	1000	37.00	37,000.00	17%	6290.00	
合　　计					¥147,000.00		¥24,990.00	
价税合计（大写）	壹拾柒万壹仟玖佰玖拾元整					¥171,990.00		
销货单位	名　　称：长春市金属公司 纳税人识别号：350101600086734 地址、电话： 开户行及账号：工行长春市支行3132010108261			备注				

收款人：　　复核：　　开票人：占新　　销货单位（章）

国税函（2009）500 号北京印钞厂

第二联：发票联　购货方记账凭证

长春市金属公司　财务专用章

【例 4-4】12 月 2 日，购买办公用品 650.00 元，以现金支付。

要求：审核发票，见凭证 4-4。

凭证 4-4

吉林省商业零售统一发票　长春　086657

购货单位：吉林省光大机械设备公司　　20××年 12 月 02 日

商品名称	单位	规格	数量	单价	万	千	百	十	元	角	分	完税证号码
打印纸	包		26	25.00			6	5	0	0	0	备注
												现金付讫
人民币（大写）⊗ 千 陆 佰 伍 拾 零 角 零 分　¥：650.00												

开票人 陈红　　收款人 王用　　销售单位（无盖章无效）

第二联　发票联

长春市百货有限公司　财务专用章

4.1.3 实训资料及要求

(1) 12 月 1 日，吉林省光大机械设备公司提取库存现金 2 000.00 元。

要求：填写现金支票，见凭证 4-5。

凭证 4-5

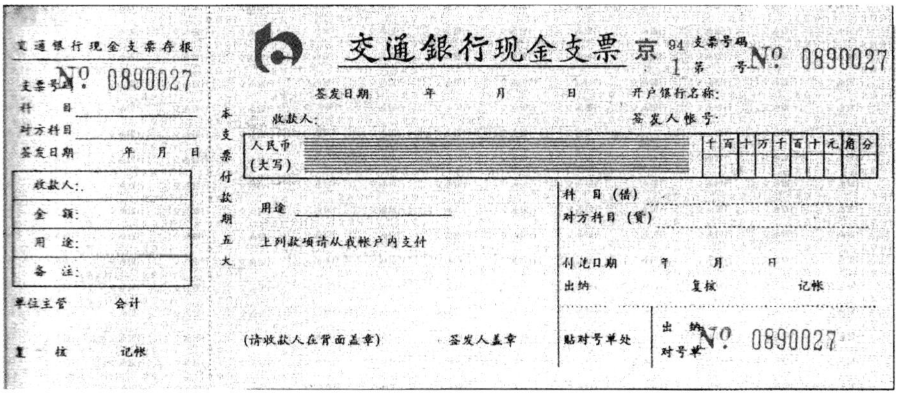

交通银行现金支票存根
支票号码 №0890027
科 目
对方科目
签发日期 年 月 日
收款人：
金 额：
用 途：
备 注：
单位主管 会计
复 核 记帐

交通银行现金支票 京 94 1 支票号码 第 号 №0890027
签发日期 年 月 日 开户银行名称：
收款人： 签发人帐号：
本支票付款期五天
人民币（大写） 千 百 十 万 千 百 十 元 角 分
用途
上列款项请从我帐户内支付
(请收款人在背面盖章) 签发人盖章
科目（借）
对方科目（贷）
付讫日期 年 月 日
出纳 复核 记帐
贴对号单处
出纳对号单 №0890027

(2) 12 月 1 日，生产车间领用 A 材料 500 千克，用于生产甲机床，单位成本 2 000.00 元。

要求：填写领料单，见凭证 4-6。

凭证 4-6

领 料 单

部门：　　　　　　　　　　20××年　月　日

编号	类别	名称	规格	单位	数量(千克)		金额(元)	
					请领	实发	单价	金额
合　计								
用途								

第三联 交会计

发料人：　　　　记账：　　　　领料部门负责人：　　　　领料人：

(3) 12 月 1 日，采购员张岚出差预借差旅费 5 000.00 元，以现金支付。

要求：审核借款单，见凭证 4-7。

(4) 12 月 3 日出售给长春机械制造厂 A 机床 20 台，售价 5 000.00 元，增值税税率为 17%，单位成本 4 000.00 元。货款存入银行，货物自提。

要求：填写银行进账单、增值税专用发票及产品出库单，见凭证 4-8～凭证 4-10。

凭证 4-7

吉林省财政厅 ★ 监印

借　款　单

20XX 年　12 月　1 日

借款单位：采购部		
借款数额：(大写)伍仟元整		¥：5000.00
借款理由：出差借款		
领导批示：	部门意见：张霖	借款人：(签章)张岚

会　计　　　审　核　　　出　纳

凭证 4-8

中国农业银行进账单（收账通知）3 NO 0099032

年　　月　　日

出票人	全称		收款人	全称	
	账号			账户	
	开户银行			开户银行	
人民币（大写）					千 百 十 万 千 百 十 元 角 分
票据种类					
票据张数					
单位主管　会计　复核　记账					收款人开户行盖章

此联是收款人开户银行交给收款人的收账通知

凭证 4-9

吉林省增值税专用发票

3501034140　　　No 533770

发　票　联

开票日期：

购货单位	名　称： 纳税人识别号： 地址、电话： 开户行及账号：				密码区	5952、+<<>60+92>52*47+ /599<>6>+007965742*91 7+<*4+--521/695*889>2 411971>>>2-1+/519>>>5	加密版本：01 2200041170 00495511	
货物或应税劳务名称	规格型号	单位	数量	单价	金额		税率	税额
合　计								
价税合计（大写）								
销货单位	名　称： 纳税人识别号： 地址、电话： 开户行及账号：				备注			

收款人：　　复核：　　开票人：　　销货单位（章）

国税函（2009）500 号北京印钞厂

第二联：发票联 购货方记账凭证

凭证 4-10

产品出库单

购货单位　　　　　　　　　　年　　月　　日　　　　编号

编号	名称及规格	单位	数量	单价	金额	备注
合计						

二　交会计

(5) 12 月 3 日，上缴 11 月份增值税 80 000.00 元。

要求：填写税收缴款书，见凭证 4-11。

凭证 4-11

中华人民共和国　国
税收通用缴款书

隶属关系　　　　　　　　　　　　　　　　(2011)吉国缴　　№

注册类型　　　　填发日期：　　年　　月　　日　　　税收机关

缴款单位(人)	代码		预算科目	编码	
	全码			名称	
	开户银行			级次	
	账号		收款国库		
税款所属时期：　　年　　月　　日			税款限缴日期　　年　　月　　日		

品目名称	课税数量	计税金额或销售收入	税率或单位税额	已缴或扣除额	实缴金额
金额合计	（大写）				
缴款单位（人） （盖章） 经办人（章）	税务机关 （盖章） 填票人（章）	上列款项已收妥并划转收款单位账户 国库（银行）盖章　　年　　月　　日			备注

第一联（收据）国库（银行）收款盖章后退缴款单位（人）作完税凭证

逾期不缴按税法规定加收滞纳金

(6) 12 月 3 日，接银行“委托收款凭证”支付电话费 4 399.00 元。

要求：审核电话费发票，见凭证 4-12。

凭证 4-12

吉林省通信公司营业专用发票　　　　第 2350330 号

委托日期：20×× 年 12 月 3 日　　2　　委托号码：5921459

付款人	名称	吉林省光大机械设备公司	收款人	名称	吉林省通信公司长春市分公司
	账号或住址	2201000220621		账号或住址	4200220120200064011
	开户银行	工行和平支行		开户银行	工行人民广场支行
金额	人民币（大写）	肆仟叁佰玖拾玖元整	（小写）	4399.00	

基本月租	25.00	市话费	1117.20	注意事项： 1、上述款项实行见面全额付款； 2、上述款项若有议，收款单位与营运商协商。 银行盖章
区间话费	800.00	长途费	1012.00	
短信费	0.00	本地电话	0.00	
长话费用	0.00	新业务费	1175.00	
电讯费	0.00	其他	0.00	

合计　　复核　　记账　　支付日期　　年　月　日

此联为发票联

(7) 12 月 4 日，采购员王洪报销差旅费。

要求：审核相关发票，见凭证 4-13～凭证 4-14。

凭证 4-13　　**往来车票(1)**

01v078869543　　长春售

长春 → 郑州　　T25 次

20××年 11 月 21 日 19:50 开 04 车 03 号下铺

全　价 263.00 元　新空调硬座特快卧

限乘当日当次车

在 4 日内到有效

NOGBGOXLE R076670 55835158893226461463015500359660078

凭证 4-14　　**往来车票(2)**

01v078869543　　郑州售

郑州 → 长春　　T25 次

20××年 11 月 30 日 19:50 开 04 车 03 号下铺

全　价 263.00 元　新空调硬座特快卧

限乘当日当次车

在 4 日内到有效

NOGBGOXLE R076670 55835158893226461463015500359660078

凭证 4-14

河南省服务业宿费专用发票　　郑州　发票代码 222242004503　发票号码 №　0023568

开票日期：20××年 12 月 ?0 日

姓名	王洪	单位			房间号	201					
项目	人数	起止日期	天数	单价	金额 千	百	十	元	角	分	备注
住宿	1	11.23-11.30	8	200	1	6	0	0	0	0	
							1	0	0	0	
合计金额（大写）	壹仟陆佰壹拾零元零角零分				1	6	1	0	0	0	
收款人					地址						

注：填开金额与剪裁金额的前两位要相符，否则报销无效。

开票人：王林　　收款：王　　收款单位：（章）

(8) 12 月 6 日从沈阳购入的一台设备已运抵企业，尚待安装。

要求：审核增值税专用发票、货运发票，见凭证 4-15 和凭证 4-16。

凭证 4-15

辽宁省增值税专用发票　　№357912

3501034140　　发票联　　开票日期：20××年 12 月 06日

购货单位		密码区	
名　称：吉林省光大机械设备公司 纳税人识别号：210204365672245 地址、电话：长春市经济开发区昆山路781号0134-86745321 开户行及账号：中国农业银行长春分行1468753121		5952、+<<>60+92>52*47+ /599<>6>+007965742*91 7+<*4+--521/695*889>2 411971>>>2-1+/519>>>5	加密版本：01 2200041170 00495511

货物或应税劳务名称	规格型号	单位	数量	单价	金额	税率	税额
设备		台	1	60,000.00	60,000.00	17%	10,200.00
合　计					¥60,000.00		¥10,200.00
价税合计（大写）	柒万零贰佰元整						¥70,200.00

销货单位	备注
名　称：沈阳机械制造有限公司 纳税人识别号：563209092245 地址、电话：和平里区95号 开户行及账号：工行沿江支行　75481254	

收款人：　　复核：　　开票人：　　销货单位（章）

第三联：发票联　购货方记账凭证

国税函（2005）500 号北京印钞厂

（印章：沈阳机械制造有限公司 财务专用章）

凭证 4-16

货物托运专用发票

托运单位：吉林省光大机械设备公司　　年　月　日　　字第　　号

货物名称	件数	重量	包装	代垫费用 项目	万	千	百	十	元	角	分	托运费用 项目	万	千	百	十	元	角	分
设备		1200kg		铁路		1	2	4	0	0	0	服务费							
				公路								仓储保管费							
				空运								包装费							
				水运								搬运理货费							
												倒运手续费							
				保险费			2	6	0	0	0								
				合计	¥	1	5	0	0	0	0	合计							
总计大写	壹仟伍佰元整																		

三 材料会计

(9) 12 月 8 日，支付设备安装费。

要求：审核安装费发票，见凭证 4-17。

凭证 4-17

长春市建安工程统一发票

长春 0317261

单位名称：吉林省光大机械设备公司 20××年 12 月 8 日

工程名称	工程地址	单位造价	建安数量	结算方式	结算价款
安装费	和平大路1500号			转账	¥1000.00
合计					
人民币（大写）壹仟元整					1000.00

第二联 发票

开票人：王萍 收款人：王阳 销售单位（未盖章无效）

(10) 12 月 10 日，支付仓库租金 21 000.00 元。

要求：审核房租发票，见凭证 4-18。

凭证 4-18

长春市房租专用发票

No186536

长春

客户名称：吉林省光大机械设备公司 20××年 12 月 10 日

货号	品名及规格	单位	数量	单价	金额 万	仟	佰	拾	元	角	分	备注
	房租				2	1	0	0	0	0	0	
人民币（大写）：贰万壹仟零佰零拾零元零角零分					¥21000.00							

第二联 发票

开票人：王杰 收款人：刘龙 出租单位（未盖章无效）：

4.2 借贷记账法应用与记账凭证编制实训

4.2.1 借贷记账法应用与记账凭证编制概述

记账凭证是指会计人员根据审核后的原始凭证填制的，用来确定会计分录，并作为登账的直接依据的凭证。记账凭证必须具备以下基本内容：记账凭证的名称；填制凭证的日期；经济业务的内容摘要；会计科目(包括一级、二级和明细科目)的名称、记账方向和金额；所附原始凭证的张数；制单、审核、记账、会计主管等有关人员的签章。

记账凭证的填制，必须注意以下几点：

第一，摘要简明。经济业务内容“摘要”栏填写简明扼要，以便于登记账簿和检查核对原始凭证。

第二，科目运用准确。必须按照会计制度统一规定的会计科目，根据经济业务的性质，编制会计分录，以保证核算的口径一致，便于综合汇总。

第三，连续编号。记账凭证在一个月内应连续编号，以便查核。在使用通用凭证时，可按经济业务发生的顺序编号。采用收款凭证、付款凭证和转账凭证的，可采用“字号编号法”，即按凭证类别顺序编号，如“收字第×号”、“付字第×号”、“转字第×号”等；也可采用“双重编号法”，即按总字顺序编号与按类别顺序编号相结合。例如，某收款凭证为“总字第×号，收字第×号”。一笔经济业务，需要编制两张转账凭证，凭证的顺序号为 10 号时，可编“转字第 10 1/2 号”、“转字第 10 2/2 号”两张凭证；前面的整数表示业务顺序；分子表示两张中的第一张和第二张。在使用单式记账凭证时，也可采用“分数编号法”。

第四，附件齐全。记账凭证所附的原始凭证张数必须注明，以便查核。

4.2.2 实训范例

【例 4-5】 20××年 2 月 5 日，吉林省光大机械设备公司销售甲机床 10 件，不含税单价 2 000 元。款项收到，存入银行。原始凭证见凭证 4-19 和凭证 4-20。

凭证 4-19

吉林省增值税专用发票 №1356001

记账联

开票日期 20**年2月5日

购货单位	名称：长春机械制造厂 纳税人识别号：336620451782361 地址、电话： 开户行及账号：4700208486 市工行营业部			密码区	5932.+<<>60+92>82*47+ /599<>6>+007965742*91 7+<*4+..521/695*889>2 411971>>>2.1+/519>>>5		加密版本:01 2200041170 00495511
货物或应税劳务名称	规格型号	单位	数量	单价	金额	税率	税额
甲机床		台	5	4 000.00	20 000.00	17%	3 400.00
合计					20 000.00		3 400.00
价税合计（大写）	人民币贰万叁仟肆佰元整			￥23 400.00			
销货单位	名称：吉林省光大机械设备公司 纳税人识别号：210204365672245 地址、电话：吉林省长春市经济开发区昆山路781号86745321 开户行及账号：中国农业银行长春分行1468753121			备注			

收款人： 复核： 开票人： 销货单位（章）

国税函（2011）500 号北京印钞厂

第二联：记账联 销货方记账凭证

凭证 4-20

中国农业银行进账单（收账通知） 3 № 0099038

20** 年 2 月 5 日

出票人	全称	长春机械制造厂	收款人	全称	吉林省光大机械设备公司
	账号	4700208486		账号	1468753121
	开户银行	市工行营业部		开户银行	中国农业银行长春分行
人民币（大写）		贰万叁仟肆佰元整	千百十万千百十元角分		2 3 4 0 0 0 0
票据种类		转账			
票据张数		1			
单位主管 会计 复核 记账			收款人开户行盖章		

此联是收款人开户银行交给收款人的收账通知

中国农业银行长春农行… 2009.12.11 业务讫章（2）

填制记账凭证，见凭证 4-21。

凭证 4-21

记 账 凭 证

20××年 2月 5日　　　　凭证第 001号

摘要	借方 一级科目	借方 二级科目	页数	贷方 一级科目	贷方 二级科目	页数	千	百	十	万	千	百	十	元	角	分
销售甲机床	银行存款									2	3	4	0	0	0	0
				主营业务收入	甲机床					2	0	0	0	0	0	0
				应交税费	应交增值税（进项）						3	4	0	0	0	0
合计									¥	2	3	4	0	0	0	0

附原始凭证 贰 张

负责人　　会计主管 杨毅　　收款人　　出纳 廉明　　制证 方新

【例 4-6】 20××年 2 月 12 日，公司采购 A 材料一批，收到的增值税发票上注明材料价款 10 000.00 元，增值税进项税额 1 700.00 元。款项已经支付，材料尚在运输途中。原始凭证见凭证 4-22 和凭证 4-23。

凭证 4-22

3501034140　　**吉林省增值税专用发票**　　№ 1356001

发票联

开票日期：20××年 2月 12日

购货单位	名称：吉林省光大机械设备公司 纳税人识别号：210204365672245 地址、电话：吉林省长春市经济开发区昆山路 781号 0431-86745321 开户行及账号：中国农业银行长春分行 1468753121	密码区	5952、+<>60+92>82*47+ /599<>6>+007965742*91 7+<*4+--521/695*889>2 411971>>>2-1+/519>>>5	加密版本：01 2200041170 00495511		

货物或应税劳务名称	规格型号	单位	数量	单价	金额	税率	税额
A材料		公斤	50	200.00	10 000.00	17%	1 700.00
合计					¥10 000.00		¥1 700.00
价税合计（大写）	壹万壹仟柒佰元整			¥11700.00			

销货单位	名称：鞍山钢铁公司 纳税人识别号：648966111616618 地址、电话： 开户行及账号：市工行营业部 2554232067	备注	鞍山钢铁公司 发票专用章 648966111616618

收款人：　　复核：　　开票人：　　销货单位（章）

国税函（2005）520 号北京印钞厂

第三联：发票联 购货方记账凭证

凭证 4-23

中国农业银行
转账支票存根（吉）
$\frac{CS}{02}$ 01877477
科　　目
对方科目
出票日期 20　年 2　月 12 日

收款人：	鞍山钢铁公司
金　额：	11 700.00
用　途：	购买原材料

单位主管　　　会计

填制记账凭证，见凭证 4-24。

凭证 4-24

记 账 凭 证

20××年 2 月 12 日　　　　凭证第 002号

摘　要	借方		页数	贷方		页数	金额									
	一级科目	二级科目		一级科目	二级科目		千	百	十	万	千	百	十	元	角	分
采购A材料	在途物质	A材料								1	0	0	0	0	0	0
	应交税费	应交增值税（进项）									1	7	0	0	0	0
				银行存款						1	1	7	0	0	0	0
合计									¥	1	1	7	0	0	0	0

附原始凭证 贰 张

负责人　　　会计主管 杨毅　　　收款人　　　出纳 康明　　　制证 方新

【例 4-7】20××年 2 月 15 日，公司生产部领用 A 材料一批生产甲机床，成本为 10 000.00 元。原始凭证见凭证 4-25。

凭证 4-25

领 料 单

部门：生产车间　　　　20××年 2 月 15 日

编号	类别	名称	规格	单位	数量(千克)		金额(元)	
					请领	实发	单价	金额
		A 材料		千克	50	50	200.00	10 000.00
合　计						50		10 000.00
用途	生产领用							

第三联　交会计

发料人：李湘莲　　记账：李大为　　领料部门负责人：刘志　　领料人：张毅

填制记账凭证，见凭证 4-26。

凭证 4-26

记 账 凭 证

20××年 2月15日　　　　凭证第 003号

摘要	借方 一级科目	借方 二级科目	页数	贷方 一级科目	贷方 二级科目	页数	千	百	十	万	千	百	十	元	角	分
生产领用A材料	生产成本	甲机床								1	0	0	0	0	0	0
				原材料	A材料					1	0	0	0	0	0	0
合计									¥	1	0	0	0	0	0	0

附原始凭证 壹 张

负责人　　会计主管 杨毅　　收款人　　出纳　　制证 方新

4.2.3 实训资料及要求

(1) 12月1日，提取库存现金 2 000.00 元。

要求：填写现金支票，见凭证 4-27。编制记账凭证，见凭证 4-28。

凭证 4-27

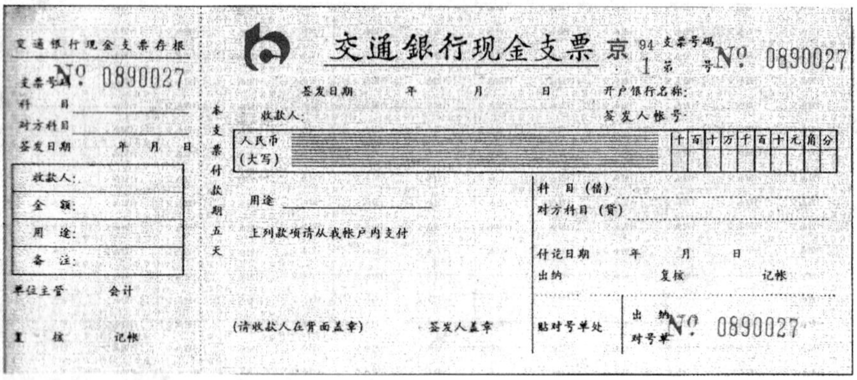
交通银行现金支票存根
支票号码 №0890027
科目
对方科目
签发日期 年 月 日
收款人：
金额：
用途：
备注：
单位主管 会计
复核 记帐

交通银行现金支票 京 94 支票号码 1 第 号 №0890027
签发日期 年 月 日 开户银行名称：
收款人： 签发人帐号：
人民币（大写） 十 百 十 万 千 百 十 元 角 分
本支票付款期五天
用途
上列款项请从我帐户内支付
科目（借）
对方科目（贷）
付讫日期 年 月 日
出纳 复核 记帐
（请收款人在背面盖章） 签发人盖章
贴对号单处 出纳对号单 №0890027

凭证 4-28

记 账 凭 证

年 月 日　　　　凭证第 号

摘要	借方 一级科目	借方 二级科目	页数	贷方 一级科目	贷方 二级科目	页数	千	百	十	万	千	百	十	元	角	分

附原始凭证 张

负责人　　会计主管　　收款人　　出纳　　制证

(2) 12 月 8 日，刘西山报销通信费 490.56 元，现金支付。原始凭证见凭证 4-29。要求：编制记账凭证，见凭证 4-30。

凭证 4-29

吉林省通信业联通专用发票　长春　发票代码 222012004327　发票号码 000473226

流水号 510379322996

开票日期：20XX 年 12 月 07 日

户　名：刘西山　　电话号码：13131763020

服务月	基本月租费	本地通话费	长途通话费	漫游通话费	特殊费	代收费	短信	增值业务费	193 费	其它费	合计
2009 11	110.00	24.88	333.93	100.80	10.00	0.00	20.95	0.00	0.00	0.00	490.56

合计金额(大写)：人民币肆佰玖拾圆伍角陆分　　小写：¥490.56元

C12433

机打发票　手填无效

中国联通有限公司长春分公司　地址：　电话：　收款员：

凭证 4-30

记　账　凭　证

年　月　日　　凭证第　号

摘要	借方 一级科目	借方 二级科目	页数	贷方 一级科目	贷方 二级科目	页数	千	百	十	万	千	百	十	元	角	分

附原始凭证　张

负责人　会计主管　收款人　出纳　制证

(3) 12 月 11 日销售部孙海借差旅费 1 500.00 元，以现金支付。原始凭证见凭证 4-31。要求：编制记账凭证，见凭证 4-32。

凭证 4-31

吉林省财政厅 监印

借　款　单

20XX 年　12 月　11 日

借款单位：销售部　孙海

借款数额：(大写)壹仟伍佰元整　　¥：1 500.00

借款理由：出差借款

领导批示：同意　杨毅　　部门意见：同意　赵强　　借款人：(签章)　孙海

会　计　李大为　　审　核　沈严　　出　纳　廉明

凭证 4-32

记 账 凭 证

年 月 日 凭证第 号

摘要	借方		页数	贷方		页数	金额										附原始凭证 张
	一级科目	二级科目		一级科目	二级科目		千	百	十	万	千	百	十	元	角	分	

负责人 会计主管 收款人 出纳 制证

(4) 12 月 8 日，收到长春市新民制造厂货款 1 600.00 元，款项已存入银行。原始凭证见凭证 4-33。

要求：编制记账凭证，见凭证 4-34。

凭证 4-33

中国农业银行**进账单**（收账通知） 3　№ 0099035

20×× 年 12 月 8 日

出票人			收款人		
出票人	全称	长春市新民制造厂	收款人	全称	吉林省光大机械设备公司
	账号	7100254032		账号	1468753121
	开户银行	工行东郊支行		开户银行	中国农业银行长春分行
人民币（大写）	壹仟陆佰元整		千百十万千百十元角分		¥160000
票据种类	转账				
票据张数	1				
单位主管 会计 复核 记账			收款人开户行盖章		

（印章：中国农业银行长春农行学院分理处 20××.12.08 业务讫章（2））

此联是收款人开户银行交给收款人的收账通知

凭证 4-34

记 账 凭 证

年 月 日 凭证第 号

摘要	借方		页数	贷方		页数	金额										附原始凭证 张
	一级科目	二级科目		一级科目	二级科目		千	百	十	万	千	百	十	元	角	分	

负责人 会计主管 收款人 出纳 制证

(5) 12 月 9 日，以银行存款支付包头钢铁厂材料款 42 600.00 元。原始凭证见凭证 4-35。
要求：编制记账凭证，见凭证 4-36。

凭证 4-35

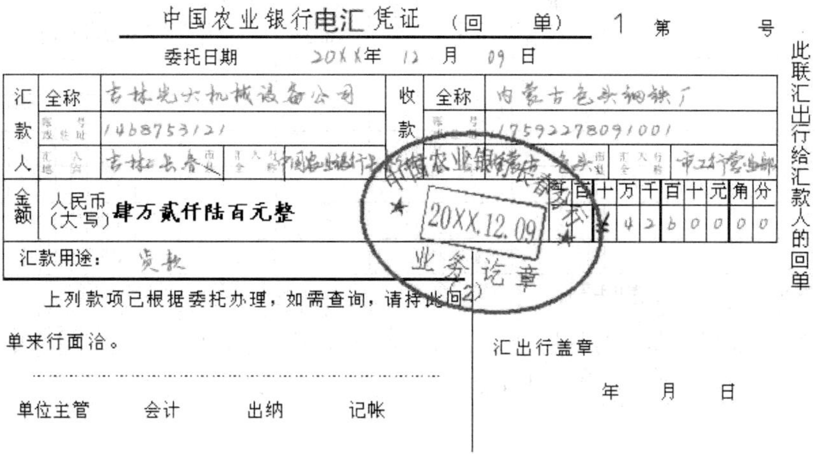

中国农业银行电汇凭证（回　单）　1　第　号

委托日期　20XX年 12 月 09 日

汇款人	全称	吉林光大机械设备公司	收款人	全称：内蒙古包头钢铁厂
	账号或住址	1468753121		账号或住址：17592278091001
	汇入地点	吉林长春		汇入地点：包头
金额	人民币（大写）肆万贰仟陆百元整			¥42600.00
汇款用途：货款				

上列款项已根据委托办理，如需查询，请持此回单来行面洽。

汇出行盖章　年　月　日

单位主管　会计　出纳　记帐

此联汇出行给汇款人的回单

凭证 4-36

记　账　凭　证

年　月　日　　　凭证第　号

摘　要	借方		页数	贷方		页数	金额								
	一级科目	二级科目		一级科目	二级科目		千	百	十	万	千	百	十	元	角分

附原始凭证　张

负责人　会计主管　收款人　出纳　制证

(6) 12 月 13 日，李燕报销通信费 446.64 元。原始凭证见凭证 4-37。
要求：编制记账凭证，见凭证 4-38。

凭证 4-37

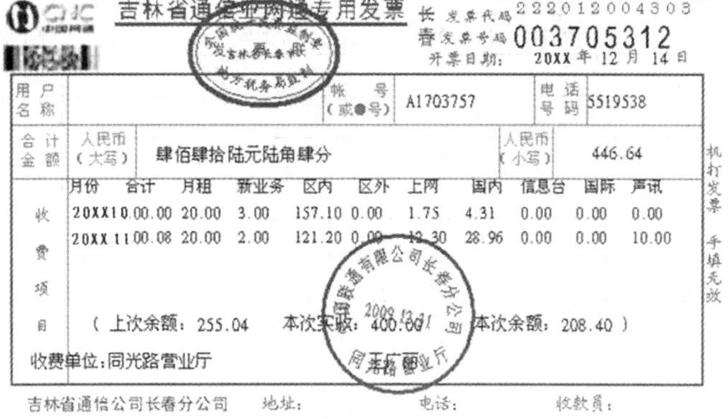

吉林省通信业网通专用发票

银鹰 10702004120000948811
长春 发票代码 222012004303
发票号码 003705312
开票日期：20XX 年 12 月 14 日

用户名称		帐号（或●号） A1703757	电话号码 5519538
合计金额	人民币（大写）肆佰肆拾陆元陆角肆分		人民币（小写）446.64

月份	合计	月租	新业务	区内	区外	上网	国内	信息台	国际	声讯
20XX10	.00.00	20.00	3.00	157.10	0.00	1.75	4.31	0.00	0.00	0.00
20XX11	00.08	20.00	2.00	121.20	0.00	12.30	28.96	0.00	0.00	10.00

（上次余额：255.04　本次实收：400.00　本次余额：208.40）

收费单位：同光路营业厅

机打发票　手填无效

吉林省通信公司长春分公司　地址：　电话：　收款员：

凭证 4-38

记　账　凭　证

年　月　日　　　　凭证第　　号

摘　要	借　方		页数	贷　方		页数	金　额									
	一级科目	二级科目		一级科目	二级科目		千	百	十	万	千	百	十	元	角	分

附原始凭证　张

负责人　会计主管　收款人　出纳　制证

(7) 12 月 15 日，从银行提取现金 5 000.00 元备用。原始凭证见凭证 4-39。要求：编制记账凭证，见凭证 4-40。

凭证 4-39

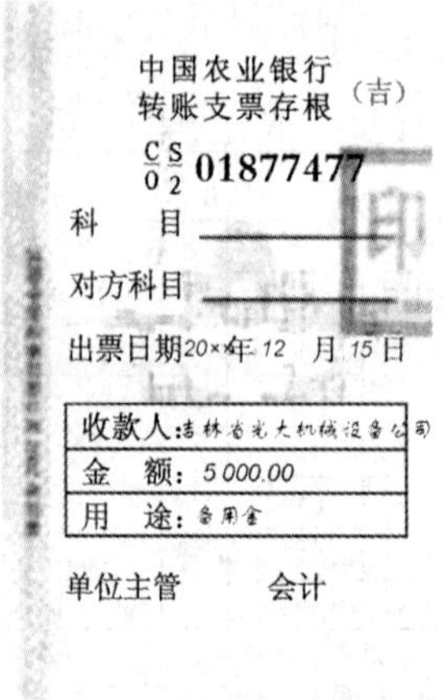
中国农业银行
转账支票存根（吉）
$\frac{CS}{02}$ 01877477
科　目
对方科目
出票日期 20×× 年 12 月 15 日
收款人：吉林省光大机械设备公司
金　额：5 000.00
用　途：备用金
单位主管　会计

凭证 4-40

记　账　凭　证

年　月　日　　　　凭证第　　号

摘　要	借　方		页数	贷　方		页数	金　额									
	一级科目	二级科目		一级科目	二级科目		千	百	十	万	千	百	十	元	角	分

附原始凭证　张

负责人　会计主管　收款人　出纳　制证

(8) 12 月 16 日，从唐山钢铁厂购入 B 材料 20 吨，单价 1 000.00 元，货款 20 000.00 元，增值税 3 400.00 元，款项未付，材料已验收入库。原始凭证见凭证 4-41 和凭证 4-42。

要求：编制记账凭证，见凭证 4-43。

凭证 4-41

河北省增值税专用发票　　№ 00641040

2200041140　　发票联

开票日期：20××年 12 月 16日

购货单位	名　称：吉林省光大机械设备公司 纳税人识别号：210204365672245 地址、电话：长春市经济开发区昆山路781号0134-86745321 开户行及账号：中国农业银行长春分行1468753121	密码区	5952、+<<>60+92>52*47+ /599<>6>+007965742*91 7+<*4+--521/695*889>2 411971>>>2-1+/519>>>5	加密版本：01 2200041170 00495511			
货物或应税劳务名称	规格型号	单位	数量	单价	金额	税率	税额
B材料		吨	20	1000.00	20,000.00	17%	3,400.00
合　计					￥20,000.00		￥3,400.00
价税合计（大写）	贰万叁仟零肆佰元整			￥23,400.00			
销货单位	名　称：唐山钢铁厂 纳税人识别号：38561128197764 地址、电话： 开户行及账号：工行路北行　6045773012	备注					

收款人：　　复核：　　开票人：　　销货单位（章）

国税函（2005）500 号北京印钞厂

第二联：发票联　购货方记账凭证

凭证 4 42

材料验收入库单

供应单位：唐山钢铁厂

发 票 号：00641040　　20××年 12月 16 日　　字第 32 号

材料类别	材料名称	规格材质	计量单位	数量	实收数量	金额 单价	十	万	千	百	十	元	角	分
	B材料		吨	20	20	1000.00			2	0	0	0	0	0
检验结果	合格	检验员签章：王连鹤		运杂费										
				合计					2	0	0	0	0	0
备注：														

仓库主管：张霖　材料会计：李大为　材料员：李湘莲　经办人：张岚　制单：方新

三联　材料会计

凭证 4-43

记　账　凭　证

年　月　日　　　　　　凭证第　号

<table>
<tr><th rowspan="2">摘　要</th><th colspan="2">借　方</th><th rowspan="2">页数</th><th colspan="2">贷　方</th><th rowspan="2">页数</th><th colspan="10">金　额</th></tr>
<tr><th>一级科目</th><th>二级科目</th><th>一级科目</th><th>二级科目</th><th>千</th><th>百</th><th>十</th><th>万</th><th>千</th><th>百</th><th>十</th><th>元</th><th>角</th><th>分</th></tr>
<tr><td></td><td></td><td></td><td></td><td></td><td></td><td></td><td></td><td></td><td></td><td></td><td></td><td></td><td></td><td></td><td></td><td></td></tr>
<tr><td></td><td></td><td></td><td></td><td></td><td></td><td></td><td></td><td></td><td></td><td></td><td></td><td></td><td></td><td></td><td></td><td></td></tr>
<tr><td></td><td></td><td></td><td></td><td></td><td></td><td></td><td></td><td></td><td></td><td></td><td></td><td></td><td></td><td></td><td></td><td></td></tr>
<tr><td></td><td></td><td></td><td></td><td></td><td></td><td></td><td></td><td></td><td></td><td></td><td></td><td></td><td></td><td></td><td></td><td></td></tr>
<tr><td></td><td></td><td></td><td></td><td></td><td></td><td></td><td></td><td></td><td></td><td></td><td></td><td></td><td></td><td></td><td></td><td></td></tr>
<tr><td></td><td></td><td></td><td></td><td></td><td></td><td></td><td></td><td></td><td></td><td></td><td></td><td></td><td></td><td></td><td></td><td></td></tr>
</table>

附原始凭证　张

负责人　　会计主管　　收款人　　出纳　　制证

(9) 12 月 25 日，开出现金支票 10 850.00 元，发放职工工资(直接转入职工工资账户)。原始凭证见凭证 4-44。

要求：编制记账凭证，见记账凭证 4-45 和记账凭证 4-46。

凭证 4-44

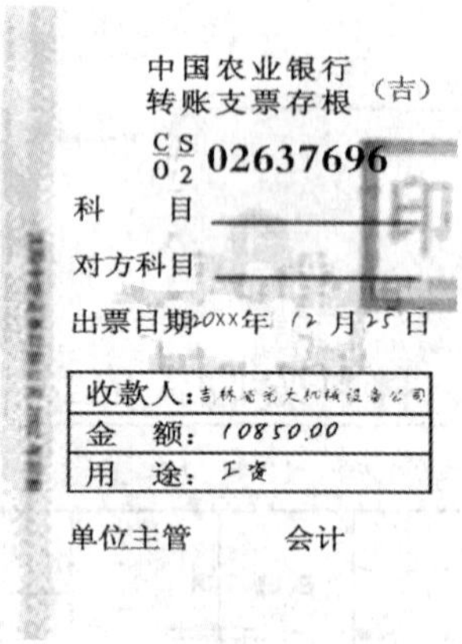
中国农业银行（吉）
转账支票存根
CS 02 02637696
科　目
对方科目
出票日期 20XX 年 12 月 25 日
收款人：吉林省无大机械设备公司
金　额：10850.00
用　途：工资
单位主管　　会计

凭证 4-45

记　账　凭　证

年　月　日　　　　　　凭证第　号

<table>
<tr><th rowspan="2">摘　要</th><th colspan="2">借　方</th><th rowspan="2">页数</th><th colspan="2">贷　方</th><th rowspan="2">页数</th><th colspan="10">金　额</th></tr>
<tr><th>一级科目</th><th>二级科目</th><th>一级科目</th><th>二级科目</th><th>千</th><th>百</th><th>十</th><th>万</th><th>千</th><th>百</th><th>十</th><th>元</th><th>角</th><th>分</th></tr>
<tr><td></td><td></td><td></td><td></td><td></td><td></td><td></td><td></td><td></td><td></td><td></td><td></td><td></td><td></td><td></td><td></td><td></td></tr>
<tr><td></td><td></td><td></td><td></td><td></td><td></td><td></td><td></td><td></td><td></td><td></td><td></td><td></td><td></td><td></td><td></td><td></td></tr>
<tr><td></td><td></td><td></td><td></td><td></td><td></td><td></td><td></td><td></td><td></td><td></td><td></td><td></td><td></td><td></td><td></td><td></td></tr>
<tr><td></td><td></td><td></td><td></td><td></td><td></td><td></td><td></td><td></td><td></td><td></td><td></td><td></td><td></td><td></td><td></td><td></td></tr>
<tr><td></td><td></td><td></td><td></td><td></td><td></td><td></td><td></td><td></td><td></td><td></td><td></td><td></td><td></td><td></td><td></td><td></td></tr>
<tr><td></td><td></td><td></td><td></td><td></td><td></td><td></td><td></td><td></td><td></td><td></td><td></td><td></td><td></td><td></td><td></td><td></td></tr>
</table>

附原始凭证　张

负责人　　会计主管　　收款人　　出纳　　制证

凭证 4-46

记 账 凭 证

年 月 日 凭证第 号

摘要	借方		页数	贷方		页数	金额									
	一级科目	二级科目		一级科目	二级科目		千	百	十	万	千	百	十	元	角	分

附原始凭证 张

负责人 会计主管 收款人 出纳 制证

(10) 12 月 30 日，支付广告费 30 000.00 元。原始凭证见凭证 4-47 和凭证 4-48。要求：编制记账凭证，见凭证 4-49。

凭证 4-47

长春市广告业专用发票 发票号码 10002678

发票联

20××年 12 月 30 日

客户名称	吉林省光大机械设备公司	地址										
项目	摘要	数量	单价	十	万	千	百	十	元	角	分	
产品宣传广告费					3	0	0	0	0	0	0	
金额合计（大写）	叁万元整				3	0	0	0	0	0	0	

广告收费专用章：长春电视台 地址 制单：

第二联：发票

长春电视台 发票专用章

凭证 4-48

中国农业银行
转账支票存根（吉）

$\frac{C}{0}\frac{S}{2}$ 03117329

科 目

对方科目

出票日期 2009 年 12 月 30 日

收款人：	电视台
金 额：	叁万圆整
用 途：	支付广告费

单位主管 会计

凭证 4-49

记 账 凭 证

年 月 日 凭证第 号

摘要	借方		页数	贷方		页数	金额									
	一级科目	二级科目		一级科目	二级科目		千	百	十	万	千	百	十	元	角	分

附原始凭证 张

负责人 会计主管 收款人 出纳 制证

(11) 20××年 12 月 30 日，向希望工程捐赠 68 000.00 元。原始凭证见凭证 4-50。要求：编制记账凭证，见凭证 4-51。

凭证 4-50

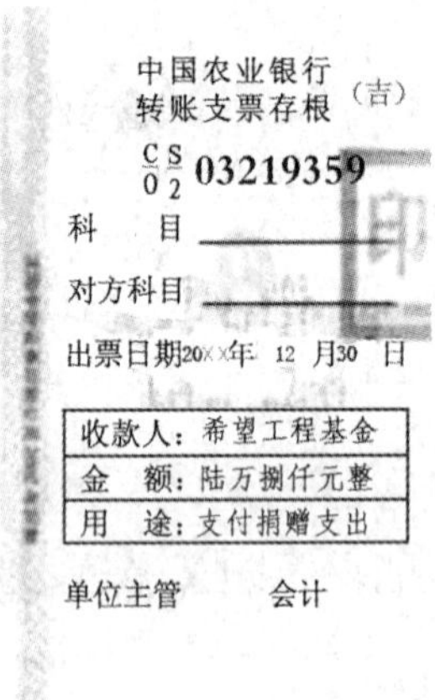
中国农业银行
转账支票存根（吉）
CS 02 03219359
科 目
对方科目
出票日期 20××年 12 月 30 日
收款人：希望工程基金
金 额：陆万捌仟元整
用 途：支付捐赠支出
单位主管 会计

凭证 4-51

记 账 凭 证

年 月 日 凭证第 号

摘要	借方		页数	贷方		页数	金额									
	一级科目	二级科目		一级科目	二级科目		千	百	十	万	千	百	十	元	角	分

附原始凭证 张

负责人 会计主管 收款人 出纳 制证

(12) 12 月 31 日，计提本月固定资产折旧费 20 000.00 元。原始凭证见凭证 4-52。

凭证 4-52

固定资产折旧计算表

编号	类别	使用部门	原值	本月增加	本月减少	月折旧率	本月折旧额
1601	办公设备	厂部	250 000.00	—	—	2%	5 000.00
1602	生产设备	车间	750 000.00	—	—	2%	15 000.00
合计			1 000 000.00	—	—	—	20 000.00

要求：编制记账凭证，见凭证 4-53。

凭证 4-53

记　账　凭　证

年　　月　　日　　　　凭证第　　号

摘要	借方		页数	贷方		页数	金额									
	一级科目	二级科目		一级科目	二级科目		千	百	十	万	千	百	十	元	角	分

附原始凭证　张

负责人　　会计主管　　收款人　　出纳　　制证

(13) 12 月 31 日，结转本月发生的收入和费用。其中：本月发生主营业务收入 1 100 000.00 元，主营业务成本 510 000.00 元，其他业务收入 84 000.00 元，其他业务成本 50 000.00 元，管理费用 110 000.00 元，销售费用 18 000.00 元。

要求：编制记账凭证，见凭证 4-54。

凭证 4-54

记　账　凭　证

年　　月　　日　　　　凭证第　　号

摘要	借方		页数	贷方		页数	金额									
	一级科目	二级科目		一级科目	二级科目		千	百	十	万	千	百	十	元	角	分

附原始凭证　张

负责人　　会计主管　　收款人　　出纳　　制证

4.3 科目汇总表编制实训

4.3.1 科目汇总表编制概述

科目汇总表亦称记账凭证汇总表，是定期对全部记账凭证进行汇总，按各个会计科目列示其借方发生额和贷方发生额的一种汇总凭证。依据借贷记账法的基本原理，科目汇总表中各个会计科目的借方发生额合计与贷方发生额合计应该相等，因此，科目汇总表具有试算平衡的作用。科目汇总表是科目汇总表核算形式下总分类账登记的依据。

科目汇总表的编制，是根据一定会计期间编制的全部记账凭证，按照相同会计科目进行归类，定期分别汇总每一个账户的借、贷方的发生额。其编制方式，按会计凭证设计的不同可分为两种：

(1) 全部汇总。就是将一定时期(10 天、15 天、30 天)的全部记账凭证汇总到一张科目汇总表内的汇总方式。

(2) 分类汇总。就是将一定时期(10 天、15 天、30 天)的全部记账凭证分别按库存现金、银行存款收、付款的记账凭证和转账记账凭证进行汇总。

具体汇总方法：将一定时期的记账凭证利用丁字账户、按记账凭证编号的顺序、分别账户并按借贷方汇总，先编制科目汇总表工作底稿(表 4-1)分别计算出每一个总账科目的借方发生额合计数、贷方发生额合计数，再根据科目汇总表工作底稿，编制科目汇总表。

表 4-1 科目汇总表工作底稿

银行存款		原材料		生产成本	
借方	贷方	借方	贷方	借方	贷方
(2) 551,000.00	(1) 2,500.00 (3) 21,000.00 (5) 30,000.00 (6) 20,700.00 (7) 50,000.00 (12) 11,000.00	(1) 60,000.00	(4)40,000.00	(4) 80,000.00 (7) 30,000.00 (9) 50,000.00	(10) 160,000.00
551,000.00	134,500.00	60,000.00	40,000.00	160,000.00	160,000.00

4.3.2 实训范例

【例 4-8】20××年 12 月，如下公司发生业务。

(1) 1 日，收到银行通知，用银行存款支付到期的商业承兑汇票 11 700 000.00 元。

(2) 1 日，购入原材料一批，收到的增值税专用发票注明的原材料价款为 1 500 000.00 元，增值税进项税额为 255 000.00 元，款项已通过银行转账支付，材料未验收入库。

(3) 2 日，销售产品一批，开出的增值税专用发票注明的销售价款为 3 000 000.00 元，增值税销项税额为 510 000.00 元，货款尚未收到。该批产品实际成本为 2 200 000.00 元，产品已发出。

(4) 4 日，购入不需安装的设备 1 台，收到的增值税专用发票注明的设备价款为 854 700.00 元，增值税进项税额为 145 300.00 元，支付包装费、运费 10 000.00 元。价款及包装费、运费均以银行存款支付，设备已交付使用。

(5) 5 日，收到应收账款 25 100 000.00 元，存入银行。

(6) 16 日，从银行借入 3 年期借款 4 000 000.00 元，借款已存入银行账户，该项借款用于购建固定资产。

(7) 16 日，销售产品一批，开出的增值税专用发票注明的销售价款为 700 000.00 元，增值税进项税额为 119 000.00 元，款项已存入银行。销售产品的实际成本为 420 000.00 元。

(8) 20 日，归还短期借款本金 25 000 000.00 元，利息 1 250 000.00 元，已预提 100 000.00。

(9) 20 日，提取现金 5 000 000.00 元，发放工资。

(10) 20 日，分配应支付的职工工资 3 000 000.00 元(不包括在建工程应负担的工资)，其中生产人员工资 2 750 000.00 元，车间管理人员工资 100 000.00 元；行政管理部门人员工资 150 000.00 元。

(11) 20 日，提取职工福利费 420 000.00 元，其中生产工人福利费 385 000.00 元，车间管理人员福利费 14 000.00 元，行政管理部门福利费 21 000.00 元。

(12) 22 日，计提固定资产折旧 1 000 000.00 元，其中计入制造费用 800 000.00 元；管理费用 200 000.00 元。

(13) 24 日，用银行存款支付产品展览费 100 000.00 元。

(14) 25 日，计算并结转本期完工产品成本 11 564 000.00 元。没有期初在产品，本期生产的产品全部完工入库。

(15) 26 日，广告费 100 000.00 元已用银行存款支付。

(16) 29 日，公司本期产品销售应缴纳的教育费附加为 10 000.00 元。

(17) 31 日，结转本期产品销售成本 2 750 000.00 元。

根据上述经济业务，公司已编制的简化记账凭证见凭证 4-55。

凭证 4-55

20××年 12 月简化记账凭证

凭证号	日期	总账科目	明细科目	借方金额	贷方金额
001	12.1	应付票据		11 700 000.00	
		银行存款			11 700 000.00
002	12.1	在途物资		1 500 000.00	
		应交税费	应交增值税(进项税额)	255 000.00	
		银行存款			1 755 000.00
003	12.2	应收账款		3 510 000.00	
		主营业务收入			3 000 000.00
		应交税费	应交增值税(销项税额)		510 000.00
004	12.4	固定资产		864 700.00	
		应交税费	应交增值税(进项税额)	145 300.00	
		银行存款			1 010 000.00
005	12.5	银行存款		25 100 000.00	
		应收账款			25 100 000.00
006	12.16	银行存款		4 000 000.00	
		长期借款			4 000 000.00

(续表)

凭证号	日期	总账科目	明细科目	借方金额	贷方金额
007	12.16	银行存款		819 000.00	
		主营业务收入			700 000.00
		应交税费	应交增值税(销项税额)		119 000.00
008	12.20	短期借款		25 000 000.00	
		预提费用		100 000.00	
		财务费用		1 150 000.00	
		银行存款			26 250 000.00
009	12.20	库存现金		5 000 000.00	
		银行存款			5 000 000.00
009	12.20	应付职工薪酬	工资	5 000 000.00	
		库存现金			5 000 000.00
010	12.20	生产成本		2 750 000.00	
		制造费用		100 000.00	
		管理费用		150 000.00	
		应付职工薪酬	工资		3 000 000.00
011	12.20	生产成本		385 000.00	
		制造费用		14 000.00	
		管理费用		21 000.00	
		应付职工薪酬	福利费		420 000.00
012	12.22	制造费用		800 000.00	
		管理费用		200 000.00	
		累计折旧			1 000 000.00
013	12.24	销售费用		100 000.00	
		银行存款			100 000.00
014	12.25	库存商品		11 564 000.00	
		生产成本			11 564 000.00
015	12.26	销售费用		100 000.00	
		银行存款			100 000.00
016	12.29	营业税金及附加		10 000.00	
		应交税费	应交教育费附加		10 000.00
017	12.31	主营业务成本		2 750 000.00	
		库存商品			2 750 000.00

根据记账凭证编制科目汇总表工作底稿，并据此填制科目汇总表，见表4-2。

表4-2 科目汇总表

20××年12月31日

借　方	会计科目	贷　方
5 000 000.00	库存现金	5 000 000.00
29 919 000.00	银行存款	45 915 000.00
3 510 000.00	应收账款	25 100 000.00
1 500 000.00	在途物资	0

(续表)

借　　方	会计科目	贷　　方
11 564 000.00	库存商品	2 750 000.00
864 700.00	固定资产	0
0	累计折旧	1 000 000.00
25 000 000.00	短期借款	0
11 700 000.00	应付票据	0
5 000 000.00	应付职工薪酬	3 420 000.00
400 300.00	应交税费	639 000.00
100 000.00	预提费用	0
0	长期借款	4 000 000.00
3 135 000.00	生产成本	11 564 000.00
914 000.00	制造费用	0
0	主营业务收入	3 700 000.00
2 750 000.00	主营业务成本	0
10 000.00	营业税金及附加	0
200 000.00	销售费用	0
371 000.00	管理费用	0
1 150 000.00	财务费用	0
103 088 000.00	合计	103 088 000.00

4.3.3 实训资料及要求

根据 4.2 中编制的记账凭证，编制科目汇总表，见表 4-3。

表 4-3　科目汇总表

20××年 12 月 31 日

借　　方	会 计 科 目	贷　　方
	合　　计	

4.4 会计账簿登记实训

4.4.1 会计账簿登记概述

账簿是以会计凭证为依据，序时、连续、系统、全面地记录和反映企业、机关和事业等单位经济活动全部过程的簿籍。

库存现金日记账由出纳员根据审核无误的现金收、付款凭证和银行存款付款凭证，按照经济业务发生的时间先后顺序，逐日逐笔登记，一般采用三栏式。

银行存款日记账由出纳员根据审核无误的银行存款收、付款凭证和现金付款凭证，按照经济业务发生的时间先后顺序、逐日逐笔登记，一般采用三栏式。

总分类账是按一级会计科目设置，提供总括核算资料的账簿，一般采用三栏式。总分类账的登记方法要根据各单位采用的账务处理程序来确定。

明细分类账是登记某类经济业务详细情况的账簿。明细分类账的格式较多，但比较常用的格式主要有三栏式、数量金额式和多栏式三种。其中三栏式明细分类账设有“借方”、“贷方”和“余额”3 个栏目。它适用于只需要反映金额的经济业务。数量金额式明细分类账设有“收入”、“发出”和“结存”的数量、“单价”和“金额”栏，它可以反映经济业务的数量和金额，适用于既需要金额核算又需要数量核算的明细账。多栏式明细分类账是在账页上设置若干栏，它适用于登记明细项目多、借贷方向单一的经济业务。

登记各类账簿时要注意：

第一，账簿必须根据审核无误的会计凭证连续、系统地登记，不能错记、漏记和重记；

第二，登记账簿时必须使用钢笔，用蓝黑或黑墨水登记，不能使用圆珠笔和铅笔；

第三，各种账簿必须按照事先编定的页码连续登记，不能隔页、跳行；

第四，登账时或登账后发现差错，应根据错误的具体情况，按照规定的方法进行更正，不得刮擦、挖补和涂改；

第五，数字和文字一般应书写在行距下方 1/2 处。

4.4.2 实训范例

【例 4-9】20××年 1 月 3 日，吉林省光大机械设备公司提取现金 6 000.00 元备用。原始凭证略，记账凭证见凭证 4-56。

凭证 4-56

记 账 凭 证

20××年 1 月 3 日　　　　凭证第 004号

摘　要	借　方		页数	贷　方		页数	金　额									
	一级科目	二级科目		一级科目	二级科目		千	百	十	万	千	百	十	元	角	分
提现备用	库存现金										6	0	0	0	0	0
				银行存款							6	0	0	0	0	0
合计										¥	6	0	0	0	0	0

附原始凭证壹张

负责人　　会计主管 杨毅　　收款人　　出纳 廉明　　制证 方新

登记的现金日记账和银行存款日记账，见账簿 4-1 和账簿 4-2。

账簿 4-1

库存现金日记账

第1页

2011 年		凭证	摘要	借方											√	贷方										√	借或贷	余额										
月	日	字号		亿	千	百	十	万	千	百	十	元	角	分		千	百	十	万	千	百	十	元	角	分			亿	千	百	十	万	千	百	十	元	角	分
1	1		期初余额																								借						2	2	5	6	0	0
1	3	记004	提现备用						6	0	0	0	0	0													借						8	2	5	6	0	0

账簿 4-2

银行存款日记账

开户银行　建设银行

账号 2357

2011 年		凭证	摘要	借方											√	贷方										√	借或贷	余额										
月	日	字号		亿	千	百	十	万	千	百	十	元	角	分		千	百	十	万	千	百	十	元	角	分			亿	千	百	十	万	千	百	十	元	角	分
1	1		期初余额																								借					1	6	6	5	6	0	0
1	3	记004	提现备用																	6	0	0	0	0	0		借					1	0	6	5	6	0	0

【例 4-10】 20××年 2 月 15 日，生产车间领用 A 材料 20 000.00 元，用于生产甲机床。原始凭证略，记账凭证见凭证 4-57。

凭证 4-57

记 账 凭 证

20××年 2月 15日　　　　凭证第 005号

摘要	借方		页数	贷方		页数	金额									
	一级科目	二级科目		一级科目	二级科目		千	百	十	万	千	百	十	元	角	分
生产领用A材料	生产成本	甲机床								2	0	0	0	0	0	0
				原材料	A材料					2	0	0	0	0	0	0
合计									¥	2	0	0	0	0	0	0

附原始凭证壹张

负责人　　会计主管 杨毅　　收款人　　出纳　　制证 方新

登记的生产成本明细账和原材料明细账见账簿 4-3 和账簿 4-4。

账簿 4-3

生产成本明细账

产品：甲机床

2011年		凭证	摘要	直接材料											直接人工											制造费用											合计
月	日	字号		亿	千	百	十	万	千	百	十	元	角	分	亿	千	百	十	万	千	百	十	元	角	分	亿	千	百	十	万	千	百	十	元	角	分	
1	1		期初余额									0																									
1	3	记005	生产领用A材料					2	0	0	0	0	0	0																							

账簿 4-4

原材料明细账

材料名称：A 材料　　**存放地点：第3仓库**　　**计量单位：吨**

2011年		凭证字号	摘要	借方													贷方													结存												
				数量	单价	金额											数量	单价	金额											数量	单价	金额										
月	日					亿	千	百	十	万	千	百	十	元	角	分			亿	千	百	十	万	千	百	十	元	角	分			亿	千	百	十	万	千	百	十	元	角	分
1	1		期初余额																											60	500.00					3	0	0	0	0	0	0
1	3	记005	生产领用A材料														40	500.00					2	0	0	0	0	0	0	20	500.00					1	0	0	0	0	0	0

【例 4-11】公司 20××年 12 月科目汇总表见表 4-4。

表 4-4　科目汇总表

20××年 12 月 31 日

借　　方	会 计 科 目	贷　　方
5 500 000.00	库存现金	5 500 000.00
37 742 534.00	银行存款	47 175 500.00
0	其他货币资金	117 000.00
0	交易性金融资产	100 000.00
292 500.00	应收票据	2 292 500.00
3 510 000.00	应收账款	30 200 000.00
80 070.00	坏账准备	0
1 599 800.00	材料采购	2 099 800.00
2 050 000.00	原材料	7 000 000.00
0	周转材料	50 000.00
11 564 000.00	库存商品	2 750 000.00
50 000.00	材料成本差异	375 200.00
0	待摊费用	100 000.00
2 410 000.00	固定资产	600 000.00
330 000.00	累计折旧	1 000 000.00
0	固定资产减值准备	300 000.00
2 530 000.00	在建工程	1 400 000.00
150 000.00	工程物资	0
320 500.00	固定资产清理	320 500.00
0	累计摊销	60 000.00
25 000 000.00	短期借款	0
11 700 000.00	应付票据	0
5 000 000.00	应付职工薪酬	5 700 000.00
871 966.00	应交税费	771 500.00
1 150 000.00	应付利息	2 300 000.00
10 000.00	其他应付款	10 000.00
100 000.00	预提费用	0
0	长期借款	4 000 000.00
6 310 630.00	本年利润	6 310 630.00
2 260 630.00	利润分配	0
1 1564 000.00	生产成本	11 564 000.00
1 079 000.00	制造费用	1 079 000.00
3 950 000.00	主营业务收入	3 950 000.00
50 000.00	投资收益	50 000.00
50 000.00	营业外收入	50 000.00
2 750 000.00	主营业外成本	2 750 000.00
10 000.00	营业税金及附加	10 000.00
200 000.00	销售费用	200 000.00
941 000.00	管理费用	941 000.00
2 170 000.00	财务费用	2 170 000.00
219 930.00	资产减值损失	219 930.00
19 700.00	营业外支出	19 700.00
143 536 260.00	合计	143 536 260.00

根据科目汇总表登记库存现金总分类账和短期借款总分类账，见账簿 4-5 和账簿 4-6。

账簿 4-5

总分类账

会计科目：库存现金　　　　第2页

20××		凭证号码	摘要	√	借方											贷方												借或贷											
月	日				亿	千	百	十	万	千	百	十	元	角	分	十	亿	千	百	十	万	千	百	十	元	角	分		亿	千	百	十	万	千	百	十	元	角	分
12	1		期初余额																									借						2	0	0	0	0	0
12	31	科汇12	本月发生额				5	0	0	0	0	0	0	0	0				5	0	0	0	0	0	0	0	0	借						2	0	0	0	0	0
12	31		本月合计				5	0	0	0	0	0	0	0	0				5	0	0	0	0	0	0	0	0	借						2	0	0	0	0	0
12	31		本年合计				5	0	0	0	0	0	0	0	0				5	0	0	0	0	0	0	0	0	借						2	0	0	0	0	0

账簿证 4-6

总分类账

会计科目：短期借款　　　　第4页

20××		凭证号码	摘要	√	借方											贷方												借或贷											
月	日				亿	千	百	十	万	千	百	十	元	角	分	十	亿	千	百	十	万	千	百	十	元	角	分		亿	千	百	十	万	千	百	十	元	角	分
12	1		期初余额																									贷		2	5	0	0	0	0	0	0	0	0
12	31	科汇12	本月发生额			2	5	0	0	0	0	0	0	0	0													平									0	0	0
12	31		本月合计			2	5	0	0	0	0	0	0	0	0													平									0	0	0
12	31		本年合计			2	5	0	0	0	0	0	0	0	0													平									0	0	0

4.4.3 实训资料及要求

根据 4.2 编制的记账凭证，登记相关账簿，自备账页。

第 5 章　成本计算实训

成本计算是对应计入一定对象的全部费用进行归集、计算，并确定各该对象的总成本和单位成本的会计方法。通过成本计算可以正确地对会计核算对象进行计价，可以考核经济活动过程中各项经营耗费，为核算损益提供正确的信息。

5.1　资产取得成本的计算

5.1.1　资产取得成本的计算概述

资产取得成本的计算是指选择被计算对象的计量属性，确定应予以记录的各项资产金额的会计处理过程。即资产取得成本的计算包含两方面内容：一是确认应予以记录的资产项目。按照取得资产的内容确定应计入应收账款、存货、可供出售金融资产、固定资产和无形资产等资产项目。二是对应予以记录的资产项目进行货币计价。货币计价又包含计量单位和计量属性两方面的选择。计量单位通常选用名义货币单位，而计量属性则包括历史成本、重置成本、可变现净值、现值和公允价值 5 类，一般应当采用历史成本，如果选用其他计量属性，必须保证金额能够可靠计量。

1. 材料取得成本的计算

企业材料来源主要有外购和自制两种，材料取得来源不同，其成本计算亦不同。

1) 外购材料取得成本的计算

材料取得选择历史成本计价原则，即按取得实际成本计价，包括买价和采购费用两部分。买价是指供应单位所开具发票上标明的价款，一般属于直接计入费用，应直接计入相应原材料的采购成本。采购费用包括运杂费、运输途中的合理损耗、入库前的挑选整理费用，以及购入材料应承担的税金和其他费用。对于采购费用，若是直接计入费用，则应直接计入相应原材料的采购成本；否则应在原材料重量、买价和体积等分配标准中选择适合的分配标准，采用一定的方法，分配计入相应原材料的采购成本。外购材料取得成本的计算公式为

外购材料的取得成本＝买价＋采购费用

原材料采购成本核算应当设置“原材料”、“材料采购”和“在途物资”等总分类账及其明细分类账。

2) 自制材料取得成本的计算

企业生产产品有时需要自制材料，自制材料时需要领用外购材料，并且制造过程中还会发生人工费用和制造费用等。自制材料取得成本计算按实际成本计价。

2. 固定资产取得成本的计算

固定资产的取得来源有自制和外购两种，来源不同其成本计算亦不同。本节仅阐述外购固定资产的成本计算。

外购固定资产按历史成本原则计价。企业外购固定资产的成本包括购买价款，相关税费，使固定资产达到预定可使用状态前所发生的可归属于该项资产的运输费、装卸费、安装费和专业人员服务费等。外购固定资产是否达到预定可使用状态，需要根据具体情况进行分析判断。如果购入不需安装的固定资产，购入后即可发挥作用，因此，购入后即可达到预定可使用状态。如果购入需安装的固定资产，只有安装调试后达到设计要求或合同规定的标准，该项固定资产才可发挥作用，达到预定可使用状态。

固定资产取得成本核算应当设置“固定资产”账户，购入需要安装且未达到预定可使用状态是通过“在建工程”账户核算。

5.1.2 实训范例

1. 材料取得成本计算范例

以吉林省光大机械设备公司相关业务为例。

【例 5-1】 20××12 月 10 日，外购材料，收到鞍山钢铁公司发来的货物及发票运单等，货已运达企业，货款尚未支付。原始凭证见凭证 5-1～凭证 5-3。

凭证 5-1

货物托运专用发票

托运单位：吉林省光大机械设备公司　　20×× 年 12 月 7 日　　字 第　　号

货物名称	件数	重量	包装	代垫费用								托运费用							
圆钢		4000		项目	万	千	百	十	元	角	分	项目	万	千	百	十	元	角	分
钢管		4000		铁路		2	3	0	0	0	0	服务费							
				公路								仓储保管费							
				空运								包装费							
				水运								搬运理货费							
												倒运手续费							
				保险费			2	6	0	0	0								
				合计	¥	2	5	6	0	0	0	合计							
总计大写 贰仟伍佰陆拾元整																			

三 材料会计

凭证 5-2

3301034140　　辽宁省增值税专用发票　　№ 543800

发票联

开票日期： 20××年 12 月 07 日

购货单位	名　称：吉林省光大机械设备公司 纳税人识别号：210204365672245 地 址、电 话：长春市昆山路781号 0431-88745321 开户行及账号：中国农业银行长春分行 1468753121			密码区	4-18136+19-968776/-31 846378>97/8722*527674 2*80/7/-5>29-54188992 -56912>>>2-1+/519>>8/	加密版本：01 2200041140 00641040	
货物或应税劳务名称	规格型号	单位	数 量	单 价	金 额	税率	税 额
圆钢		kg	4000	45.00	180,000.00	17%	30,600.00
钢管		kg	4000	35.00	140,000.00	17%	23,800.00
合　计					¥320,000.00		¥54,400.00
价税合计（大写）	⊗叁拾柒万肆仟肆佰圆整				¥374,400.00		
销货单位	名　称：鞍山钢铁公司 纳税人识别号：510123202115681 地 址、电 话：鞍山市五一路 103 号 开户行及账号：工行五一支行 206011192005460			备注	510123202115681		

收款人：　　复核：　　开票人：占新　　销货单位（章）

国税函（2005）520 号北京印钞厂

第二联：发票联 购货方记账凭证

凭证 5-3

材料验收入库单

供货单位：鞍山钢铁公司

发票编号：543800　　　　20××年 12 月 10 日　　　　字第 10 号

材料类别	材料名称	规格材质	计量单位	数量	实收数量	金额
	圆钢		千克	4 000	4000	180 000.00
	钢管		千克	4 000	4000	140 000.00
检验结果	合格	检验员：王连鹤		运杂费		2 560.00
				合计		322 560.00
备注：						

仓库主管：张霖　　材料会计：李大为　　收料员：李湘莲　　经办人：张岚　　制单员：方新

根据上述原始凭证，外购圆钢和钢管的成本的计算过程如下(运费以材料重量为分配标准)：

圆钢的采购成本＝180 000＋2 560÷(4 000＋4 000) ×4000＝181 280.00(元)

钢管的采购成本＝140 000＋2 560÷(4 000＋4 000) ×4000＝141 280.00(元)

编制记账凭证见凭证 5-4。

凭证 5-4

记 账 凭 证

20××年 12月 10日　　　　凭证第 012号

摘要	科目		借方										贷方									
	一级科目	二级科目	千	百	十	万	千	百	十	元	角	分	千	百	十	万	千	百	十	元	角	分
采购原材料已验收入库	原材料	圆钢			1	8	1	2	8	0	0	0										
		钢板			1	4	1	2	8	0	0	0										
	应交税费	增值税（进项）				5	4	4	0	0	0	0										
	应付账款	鞍山钢铁公司													3	7	6	9	6	0	0	0
合计				¥	3	7	6	9	6	0	0	0		¥	3	7	6	9	6	0	0	0

附原始凭证 壹 张

会计主管　李鸣　　记账 张清　　复核 李大为　　制证　沈言

2. 固定资产取得成本计算范例

【例 5-2】20××年 12 月 6 日，从沈阳购入的一台卷板机已运抵企业，并投入使用，价款通过预付账款结算。原始凭证见凭证 5-5 和凭证 5-6，设备验收单略。

凭证 5-5

货物托运专用发票

托运单位：吉林省光大机械设备公司　200×年12月06日　　字第　　号

货物名称	件数	重量	包装	代垫费用 项目	万	千	百	十	元	角	分	托运费用 项目	万	千	百	十	元	角	分
卷板机		1200kg		铁路		1	2	4	0	0	0	服务费							
				公路								仓储保管费							
				空运								包装费							
				水运								搬运理货费							
												倒运手续费							
				保险费			2	6	0	0	0								
				合计	¥	1	5	0	0	0	0	合计							
总计大写 壹仟伍佰元整																			

三　材料会计

凭证 5-6

辽宁省增值税专用发票　№357912

3501034140

发票联

开票日期：20××年 12 月 06日

购货单位	
名　　称：	吉林省光大机械设备公司
纳税人识别号：	210204365672245
地址、电话：	长春市经济开发区昆山路781号0134-86745321
开户行及账号：	中国农业银行长春分行1468753121

密码区：5952、+<<>60+92>52*47+ /599<>6>+007965742*91 7+<*4+--521/695*889>2 411971>>>2-1+/519>>>5

加密版本：01 2200041170 00495511

货物或应税劳务名称	规格型号	单位	数量	单价	金额	税率	税额
卷板机		台	1	60,000.00	60,000.00	17%	10,200.00
合　　计					¥60,000.00		¥10,200.00
价税合计（大写）	柒万零贰佰元整						¥70,200.00

销货单位	
名　　称：	沈阳机械制造有限公司
纳税人识别号：	563209092245
地址、电话：	和平里区95号
开户行及账号：	工行沿江支行　75481254

收款人：　　复核：　　开票人：　　销货单位（章）

国税函（2005）500号北京印钞厂

第二联：发票联　购货方记账凭证

沈阳机械制造有限公司 财务专用章

根据上述原始凭证，外购固定资产成本计算如下：

外购卷板机成本＝60 000.00＋1 500.00＝61 500.00(元)

编制记账凭证见凭证 5-7。

凭证 5-7

记　账　凭　证

20××年 12月 10日　　凭证第 030号

摘　要	一级科目	二级科目	借方 千	百	十	万	千	百	十	元	角	分	贷方 千	百	十	万	千	百	十	元	角	分
购进设备	固定资产	卷板机				6	1	5	0	0	0	0										
	应交税费	增值税（进项）				1	0	2	0	0	0	0										
	预付账款	沈阳机械制造公司														7	1	7	0	0	0	0
合计					¥	7	1	7	0	0	0	0			¥	7	1	7	0	0	0	0

附原始凭证 壹 张

会计主管　李鸣　　记账　张清　　复核　李大为　　制证　沈言

5.1.3 实训资料及要求

20××年 12 月吉林省光大机械设备公司发生业务如下：

(1) 12 月 2 日，向长春市金属公司购入圆钢 2 000 千克，钢管 1 000 千克，用银行存款支付，上述材料已验收入库。原始凭证见凭证 5-8～凭证 5-11。

凭证 5-8

中国农业银行
转账支票存根（吉）
CS 02 013512776
附加信息

出票日期 20XX年 12 月 2 日
收款人：长春市金属公司
金　额：171 990.00
用　途：购货
单位主管　　会计

凭证 5-9

吉林省增值税专用发票
3501034140　　№ 543769
发票联
开票日期：20××年 12 月 02日

购货单位	名称：吉林省光大机械设备公司 纳税人识别号：210204365672245 地址、电话：长春市经济开发区昆山路781号0134-86745321 开户行及账号：中国农业银行长春分行1468753121			密码区	5952、+<<>60+92>52*47+ /599<>6>+007965742*91 7+<*4+--521/695*889>2 411971>>>2-1+/519>>>5	加密版本：01 2200041170 00495511	
货物或应税劳务名称	规格型号	单位	数量	单价	金额	税率	税额
圆钢		公斤	2000	55.00	110,000.00	17%	18700.00
钢管		公斤	1000	37.00	37,000.00	17%	6290.00
合计					￥147,000.00		￥24,990.00
价税合计（大写）	壹拾柒万壹仟玖佰玖拾元整				￥171,990.00		
销货单位	名称：长春市金属公司 纳税人识别号：350101600086734 地址、电话： 开户行及账号：工行长春市支行3132010108261			备注			

收款人：　　复核：　　开票人：古新　　销货单位（章）

国税函（2009）500 号北京印钞厂

第二联：发票联 购货方记账凭证

长春市金属公司 财务专用章

凭证 5-10

货物托运专用发票

托运单位：吉林省光大机械设备公司　200X年12月02日　　　　字第　　号

货物名称	件数	重量	包装	代垫费用								托运费用							
圆钢		2000kg		项目	万	千	百	十	元	角	分	项目	万	千	百	十	元	角	分
钢管		1000kg		铁路		1	2	4	0	0	0	服务费							
				公路								仓储保管费							
				空运								包装费							
				水运								搬运理货费							
												倒运手续费							
				保险费			2	6	0	0	0								
				合计	¥	1	5	0	0	0	0	合计							
总计大写　壹仟伍佰元整																			

三　材料会计

凭证 5-11

材料验收入库单

供货单位：长春市金属公司

发票编号：543769　　　　20××年12月2日　　　　字第 11 号

材料类别	材料名称	规格材质	计量单位	数量	实收数量	金额
	圆钢		千克	2 000	2 000	110 000.00
	钢管		千克	1 000	1 000	37 000.00
检验结果	合格	检验员：王连鹤		运杂费		1 500.00
				合计		148 500.00
备注：						

仓库主管：张霖　　材料会计：李大为　　收料员：李湘莲　　经办人：张岚　　制单员：方新

要求：依据资料，计算圆钢和钢管的采购成本，并填制记账凭证，见凭证 5-12。

凭证 5-12

记 账 凭 证

年　月　日　　　　凭证第　　号

摘　要	科　目		借　方										贷　方									
	一级科目	二级科目	千	百	十	万	千	百	十	元	角	分	千	百	十	万	千	百	十	元	角	分
合计																						

附原始凭证　壹　张

会计主管　　　　记账　　　　复核　　　　制证

(2) 12 月 21 日，开出转账支票，购格力空调 KFR-7053L 两台，单价 4 300.00 元，KFR-7253L 两台，单价 8 000.00 元，总价 24 600.00 元。原始凭证见凭证 5-13～凭证 5-17。

凭证 5-13

中国农业银行
转账支票存根

CS 02 01351277

附加信息

出票日期 20XX 年 12 月 21 日

收款人：	欧亚集团股份公司
金　额：	24 600.00
用　途：	购买空调机

单位主管　　会计

凭证 5-14

中国工商银行 进账单（回　单） 1 № 032669

20XX 年 12 月 21 日

出票人	全　称	吉林省光大机械设备公司	收款人	全　称	欧亚集团股份有限公司
	账　号	1468753121		账　号	3121000883889
	开户银行	中国农业银行长春分行		开户银行	中国工商银行长春市和平支行
人民币（大写）	贰万肆仟陆佰元整			千百十万千百十元角分	¥2460000
票据种类	转账				
票据张数	1				

单位主管　　会计　　复核　　记账　　　　持票人开户行盖章

中国工商银行长春市和平支行 XX.12.21 转讫 (1)

此联是出票人开户银行交给出票人的回单

凭证 5-15

吉林省商品销售统一发票

发票联

地 发票代码 122XXXX20916
区 发票号码 0153858

开票日期：20XX 年 12 月 21 日

购货单位(人)	吉林省光大机械设备公司					
纳税人识别号	210204365672245					
商品名称	单位	规格	数量	单价	金额（万千百十元角分）	备注
格力空调	台	KFR7053L	2	4300.00	860000	
格力空调	台	KF7253L	2	8000.00	1600000	
					2460000	
合计金额（大写）	贰万肆仟陆佰零拾零元零角零分				¥：24 600.00	

开票人：李彤　　收款人：苏浩　　销售单位（未盖章无效）

发票专用章

第二联 发票联

凭证 5-16

吉林省光大设备公司固定资产验收单

20××年12月21日　　　　固收字 0023

总编号	10	分类编号	000003			分类编号（测）	
名称	空调						
规格		型号				KFR-7053L	
国别	中国	生产厂家	格力集团			安装日期	20××年12月26日
出厂日期	20××年10月	单位	台	数量	2	单价	4 300.00
总价	8 600.00	发票号	153858			安装费	
销售单位	长春欧亚集团					预计使用年限	10年
附件						新旧程度	新
备注						使用单位	厂办

资产管理部门：赵利健　　资产使用部门：杨靖　　经办人：张岚　　保管人：朱军

凭证 5-17

吉林省光大设备公司固定资产验收单

20××年12月21日　　　　固收字 0024

总编号	11	分类编号	000003			分类编号（测）	
名称	空调						
规格		型号				KFR-7253L	
国别	中国	生产厂家	格力集团			安装日期	20××年12月26日
出厂日期	20××年10月	单位	台	数量	2	单价	8 000.00
总价	16 000.00	发票号	153858			安装费	
销售单位	长春欧亚集团					预计使用年限	10年
附件						新旧程度	新
备注						使用单位	会议室

资产管理部门：赵利健　　资产使用部门：杨靖　　经办人：张岚　　保管人：朱军

要求：依据资料，计算固定资产的成本，填制记账凭证，见凭证 5-18。

凭证 5-18

记 账 凭 证

年　月　日　　　　凭证第　　号

摘 要	科目		借 方										贷 方									
	一级科目	二级科目	千	百	十	万	千	百	十	元	角	分	千	百	十	万	千	百	十	元	角	分
合计																						

附原始凭证　壹　张

会计主管　　记账　　复核　　制证

5.2 资产耗费成本的计算

5.2.1 资产耗费成本的计算概述

资产耗费成本的计算，涉及资产价值的确定和当期损益的正确计算。资产账户各金额的关系式为

期末余额＝期初余额＋本期增加额－本期减少额

期末余额构成资产总额，本期减少额构成成本费用的一个重要内容。因此，期末资产价值和发出资产价值的正确计算影响着企业的财务状况和经营成果。

资产金额的确定取决于资产的数量和单价。因此，资产数量的确定和单价的选择是资产耗费成本计算的重要内容。耗费资产成本的计算，包括存货、固定资产等资产项目，本节以材料数量的确定和单价的选择说明资产耗费成本的计算。

1. 存货盘存制度

确定各项存货账存数量的方法有两种：永续盘存制和实地盘存制。

1) 永续盘存制

永续盘存制又称账面盘点制，是指企业设置各种数量金额的存货明细账，根据有关出入库凭证，逐日逐笔登记材料、产品、商品等的收发领退数量和金额，随时结出账面结存数量和金额。采用永续盘存制，可以随时掌握各种存货的收发、结存情况，有利于存货的各项管理。计算公式为

发出存货价值＝发出存货数量×存货单价

期末账面结存数量＝期初账面结存数量＋本期增加数量－本期减少数量

为了核对存货账面记录，永续盘存制亦要求进行存货的实物盘点。盘点可定期也可不定期也可进行，通常在生产经营活动的间隙盘点。会计年度终了，应进行一次全面的盘点清查，并编制盘点表，保证账物相符，如有不符应及时查明原因并及时处理。

2) 地盘存制

实地盘存制又称实地盘存法，是将根据实地盘点或技术推算所得的实存数量，作为各项存货账面结存数量的方法。企业平时只在账簿中登记存货的增加数，不记减少数，期末根据清点所得的实存数，计算本期存货的减少数。计算公式为：

期末存货价值＝期末存货盘点数量×存货单价

本期减少数量＝期初账面结存数量＋本期增加数量－期末实际结存数量

2. 存货的计价方法

企业应当根据各类存货的实物流转方式、企业管理的要求、存货的性质等实际情况，合理地选择发出存货成本的计算方法，以合理确定当期发出存货的实际成本。

对于性质和用途相似的存货，应当采用相同的成本计算方法确定发出存货的成本。企业在确定发出存货的成本时，可以采用先进先出法、移动加权平均法、月末一次加权平均法和个别计价法 4 种方法。企业不得采用后进先出法确定发出存货的成本。

1) 先进先出法

先进先出法是以先购入的存货应先发出(销售或耗用)这样一种存货实物流动假设为前提，对发出存货进行计价。采用这种方法，先购入的存货成本在后购入存货成本之前转出，据此确定发出存货和期末存货的成本。

2) 动加权平均法

移动加权平均法，是指以每次进货的成本加上原有库存存货的成本，除以每次进货数量与原有库存存货的数量之和，据以计算加权平均单位成本，作为在下次进货前计算各次发出存货成本的依据。

3) 月末一次加权平均法

月末一次加权平均法，是指以当月全部进货数量加上月初存货数量作为权数，去除当月全部进货成本加上月初存货成本，计算出存货的加权平均单位成本，以此为基础计算当月发出存货的成本和期末存货的成本的一种方法。

4) 个别计价法

个别计价法，亦称个别认定法、具体辨认法，其特征是注重所发出存货具体项目的实物流转与成本流转之间的联系，逐一辨认各批发出存货和期末存货所属的购进批别或生产批别，分别按其购入或生产时所确定的单位成本计算各批发出存货和期末存货的成本。即把每一种存货的实际成本作为计算发出存货成本和期末存货成本的基础。对于不能替代使用的存货、为特定项目专门购入或制造的存货及提供的劳务，通常采用个别计价法确定发出存货的成本。在实际工作中，越来越多的企业采用计算机信息系统进行会计处理，个别计价法可以广泛应用于发出存货的计价，并且通过个别计价法确定的存货成本最为准确。

5.2.2 实训范例

以吉林省农机设备公司为例，公司设有插秧机车间、卷扬机车间，分别生产插秧机、卷扬机产品。20××年2月角钢材料领料单见凭证5-19和凭证5-20。

凭证 5-19

领 料 单

部门：插秧机车间　　　　20××年2月20日

编号	类别	名称	规格	单位	数量(千克)		金额(元)	
					请领	实发	单价	金额
	钢材	角钢		千克	200	200		
合计								
用途	生产领用							

第三联　交会计

发料人：李湘莲　　记账：李大为　　领料部门负责人：刘志　　领料人：张文

凭证 5-20

领　料　单

部门：卷扬机车间　　　　　　　　20××年 2 月 20 日

编号	类　别	名　称	规　格	单　位	数　量(千克)		金　额(元)	
					请领	实发	单价	金额
	钢材	角钢		千克	200	200		
	合　计							
用途	生产领用							

第三联　交会计

发料人：李湘莲　　　　记账：李大为　　　　领料部门负责人：刘志　　　　领料人：余为

1. 先进先出法

【例 5-3】依据上述资料，材料发出采用先进先出法，材料明细账见账簿 5-1。

账簿 5-1

原材料明细账

材料类别：钢材　　　　　　　　　　　　　　　　计量单位：吨

材料名称：角钢　　　　　　　　　　　　　　　　定额：

材料规格：　　　　　　　　　　　　　　　　　　储存地点：1库　　　第12页

20××年 月	日	凭证号码	摘要	√	收入 数量	收入 单价	收入 金额	发出 数量	发出 单价	发出 金额	借或贷	结存 数量	结存 单价	结存 金额
2	1		期初余额								借	100	10.00	100000
2	8	略	购材料		200	10.50	210000							
2	10		领材料					200		205000	借	100	10.50	105000
2	18		购材料		400	11.00	440000							
2	20		领材料					400		435000	借	100	11.00	110000
2	28		本月合计		600		650000	600		640000	借	100	11.00	110000
…	…		…											

2 月 10 日发出材料成本＝100×10.00＋100×10.50＝2 050.00(元)

2 月 20 日发出材料成本＝100×10.50＋300×11.00＝4 350.00(元)

月末发出成本合计　　　　　　　　　　　　6 400.00 元

2 月 20 日编制记账凭证见凭证 5-21。

凭证 5-21

记 账 凭 证

20XX 年 12月 20日　　　　凭证第 035 号

摘 要	科 目		借 方										贷 方									
	一级科目	二级科目	千	百	十	万	千	百	十	元	角	分	千	百	十	万	千	百	十	元	角	分
生产领用材料	生产成本	插秧机					2	1	7	5	0	0										
		卷扬机					2	1	7	5	0	0										
	原材料	角钢															4	3	5	0	0	0
合计						¥	4	3	5	0	0	0				¥	4	3	5	0	0	0

附原始凭证 壹 张

会计主管　李鸣　　记账　张清　　复核　李大为　　制证　沈言

2. 移动加权平均法

【例 5-4】依据资料，材料发出采用移动加权平均法，材料明细账见账簿 5-2。

账簿 5-2

原材料明细账

材料类别：钢材　　　　计量单位：吨

材料名称：角钢　　　　定额：

材料规格：　　　　储存地点：1库　　第12页

20××年		凭证号码	摘 要	√	收入												发出												借或贷	结存											
					数量	单价	金额										数量	单价	金额											数量	单价	金额									
月	日						千	百	十	万	千	百	十	元	角	分			千	百	十	万	千	百	十	元	角	分				千	百	十	万	千	百	十	元	角	分
2	1		期初余额																										借	100	10.00					1	0	0	0	0	0
2	8	略	购材料		200	10.50					2	1	0	0	0	0																									
2	10		领材料														200						2	0	6	7	0	0	借	100	10.33					1	0	3	3	0	0
2	18		购材料		400	11.00					4	4	0	0	0	0																									
2	20		领材料														400						4	3	4	6	0	0	借	100	10.87					1	0	8	7	0	0
2	28		本月合计		600						6	5	0	0	0	0	600						6	4	1	3	0	0	借	100	10.87					1	0	8	7	0	0
…	…		…																																						

2 月 10 日结存材料单位成本＝(1 000＋2 100)÷(100＋200)＝10.33(元)

2 月 20 日结存材料单位成本＝(1 033＋4 400)÷(100＋400)＝10.87(元)

2 月 10 日发出材料成本＝(1 000＋2 100)－1 033＝2 067.00(元)

2 月 20 日发出材料成本＝(1 033＋4 400)－1 087＝4 346.00(元)

月末发出成本合计　　　　6 413.00 元

2 月 20 日编制记账凭证见凭证 5-22。

凭证 5-22

记 账 凭 证

20XX 年 12月20日　　　　凭证第 035 号

摘要	一级科目	二级科目	借方										贷方										
			千	百	十	万	千	百	十	元	角	分	千	百	十	万	千	百	十	元	角	分	附原始凭证
生产领用材料	生产成本	插秧机					2	1	7	3	0	0											
		卷扬机					2	1	7	3	0	0											
	原材料	角钢															4	3	4	6	0	0	
																							壹
合计						¥	4	3	4	6	0	0				¥	4	3	4	6	0	0	张

会计主管　李鸣　　记账　张清　　复核　李大为　　制证　沈言

3. 月末一次加权平均法

【例 5-4】依据资料，材料发出采用月末一次加权平均法，材料明细账见账簿 5-3。

账簿 5-3

原材料明细账

材料类别：钢材　　　　计量单位：吨

材料名称：角钢　　　　定额：

材料规格：　　　　储存地点：1库　　　第12页

20××年 月	日	凭证号码	摘要	√	收入 数量	单价	金额 千	百	十	万	千	百	十	元	角	分	发出 数量	单价	金额 千	百	十	万	千	百	十	元	角	分	借或贷	结存 数量	单价	金额 千	百	十	万	千	百	十	元	角	分
2	1		期初余额																										借	100	10.00					1	0	0	0	0	0
2	8	略	购材料		200	10.50					2	1	0	0	0	0																									
2	10		领材料														200																								
2	18		购材料		400	11.00					4	4	0	0	0	0																									
2	20		领材料														400																								
2	28		本月合计		600						6	5	0	0	0	0	600						6	4	2	9	0	0	借	100	10.71					1	0	7	1	0	0
…	…		…																																						

月末结存材料单位成本＝(1 000＋6 500)÷(100＋600)＝10.71(元)

月末结存材料总成本＝(1 000＋6 500)－1071＝6 429.00(元)

2 月 20 日发出材料成本＝6 429－200×10.71＝4 287.00(元)

2 月 20 日编制记账凭证见凭证 5-23。

凭证 5-23

记 账 凭 证

20××年 12月 20日　　　　凭证第 035

摘　要	科目		借方	贷方	
	一级科目	二级科目	千百十万千百十元角分	千百十万千百十元角分	
生产领用	生产成本	插秧机	214350		附原始凭证
	生产成本	卷扬机	214350		
	原材料	角钢		428700	
					壹
合计			¥428700	¥428700	张

会计主管　李鸣　　记账 张清　　复核 李大为　　制证　沈言

5.2.3　实训资料及要求

吉林省光大机械设备公司，生产甲、乙两种机床。20××年材料明细账和材料发出汇总表，见账簿 5-4～账簿 5-5。材料均为生产领用，其中钢管及圆钢 2 月 10 日领用，均为甲机床生产领用；2 月 20 日领用均为乙机床生产领用。材料发出计价采用全月一次加权平均法。

账簿 5-4

原材料明细账

材料类别：钢材　　　　计量单位：吨

材料名称：钢管　　　　定额：

材料规格：　　　　储存地点：2 库　　第15页

20××年 月	日	凭证号码	摘　要	√	收入 数量	收入 单价	收入 金额（千百十万千百十元角分）	发出 数量	发出 单价	发出 金额（千百十万千百十元角分）	借或贷	结存 数量	结存 单价	结存 金额（千百十万千百十元角分）
2	1		期初余额								借	300	32.00	960000
2	8	略	购材料		1 000	30.00	3000000							
2	10		领材料					1 100						
2	18		购材料		1 400	31.00	4340000							
2	20		领材料					1 400						
2	28		本月合计		600		650000	600						
…	…		…											

账簿 5-5

原材料明细账

材料类别：钢材　　　　　　　　计量单位：吨
材料名称：圆钢　　　　　　　　定额：
材料规格：　　　　　　　　　　储存地点：3 库　　　第 20 页

20××年 月	日	凭证号码	摘要	√	收入 数量	收入 单价	收入 金额	发出 数量	发出 单价	发出 金额	借或贷	结存 数量	结存 单价	结存 金额
2	1		期初余额								借	500	57.00	2850000
2	8	略	购材料		2 000	60.00	12000000							
2	10		领材料					2 400						
2	18		购材料		2 500	59.00	14750000							
2	20		领材料					2 000						
2	28		本月合计											
…	…		…											

要求：根据材料明细账，计算圆钢和钢管的发出的单位成本和总成本，填制材料明细账、材料费用分配表和记账凭证，凭证 5-24 和凭证 5-25。

凭证 5-24

材料费用分配表

20××年 12 月 31 日

应借科目			原料及主要材料 圆钢/(元/千克)	原料及主要材料 钢管/(元/千克)	合计
生产成本	甲机床	数量			
		金额			
	乙机床	数量			
		金额			
制造费用	生产车间	数量			
		金额			
合计					

凭证 5-25

记账凭证

年　　月　　日　　　　　　　凭证第　　号

摘要	一级科目	二级科目	借方 千	百	十	万	千	百	十	元	角	分	贷方 千	百	十	万	千	百	十	元	角	分
合计																						

附原始凭证　壹　张

会计主管　　　　记账　　　　复核　　　　制证

5.3 产品生产成本的计算

5.3.1 产品生产成本的计算概述

企业生产过程中会发生各种各样的耗费，如材料耗费、人工耗费等。在一定时期内称为生产费用，当生产费用具体到一定对象上，形成生产产品的成本，即产品生产成本。只有为生产产品发生的生产费用才能构成产品的成本，产品生产成本包括直接材料、直接人工和制造费用。直接材料是指企业生产产品的过程中所消耗的、直接用于产品生产、构成产品实体的各种材料及主要材料及辅助材料、燃料等；直接人工是指直接从事产品的生产的工人的工资和福利费等；制造费用是除直接材料和直接人工以外，为组织和管理生产所发生的人工费用和管理费用等。

5.3.2 实训范例

以吉林省光华科技开发有限公司为例，该公司生产淀粉系列5102、5108两种产品，主要消耗玉米淀粉、三聚磷酸钠、尿素等原料。月末，按具体流程进行产品成本核算。

1. 分配材料费用

(1) 根据材料会计报送的发料凭证编制材料费用分配表，见凭证5-26。

凭证5-26

材料费用分配表

20××年12月31日

应借科目			原料及主要材料			周转材料	合计
			玉米淀粉 (1 383.24元/吨)	尿素 (1.4元/吨)	三聚磷酸钠 (5.6元/吨)	劳保用品 (55元/套)	
生产成本	5102	数量	96.00	1850.00	600.00		
		金额	132 791.04	2 590.00	3 372.00		138 753.04
	5108	数量	245.00	57.00	2125.00		
		金额	338 893.80	79.80	11 942.50		350 916.10
制造费用	基本生产成本	数量				230.00	
		金额				12 650.00	12 650.00
管理费用	劳保	数量				50.00	
		金额				2 750.00	2750.00
合计			471 684.84	2 669.80	15 314.50	15 400.00	505 069.14

(2) 根据材料费用分配表编制分配材料费用的记账凭证，见凭证5-27和凭证5-28。

凭证 5-27

记账凭证

20XX 年 12月31日　　　　凭证第 120 1/2 号

摘要	一级科目	二级科目	借方 千	百	十	万	千	百	十	元	角	分	贷方 千	百	十	万	千	百	十	元	角	分
分配材料费用	生产成本	5102			1	3	8	7	5	3	0	4										
		5108			3	5	0	9	1	6	1	0										
	原材料	玉米淀粉													4	7	1	6	8	4	8	4
		尿素															2	6	6	9	8	0
		三聚磷酸钠														1	5	3	1	4	5	0
合计				¥	4	8	9	6	6	9	1	4		¥	4	8	9	6	6	9	1	4

附原始凭证壹张

会计主管　李晖　　记账　张一力　　复核　赵光为　　制证　王东

凭证 5-28

记账凭证

20XX 年 12月31日　　　　凭证第 120 2/2 号

摘要	一级科目	二级科目	借方 千	百	十	万	千	百	十	元	角	分	贷方 千	百	十	万	千	百	十	元	角	分
分配材料费用	制造费用	基本生产车间				1	2	6	5	0	0	0										
	管理费用						2	7	5	0	0	0										
	周转材料	劳保用品														1	5	4	0	0	0	0
合计					¥	1	5	4	0	0	0	0			¥	1	5	4	0	0	0	0

附原始凭证壹张

会计主管　李晖　　记账　张一力　　复核　赵光为　　制证　王东

(3) 根据有关记账凭证和原始凭证登记管理费用、制造费用和生产成本明细分类账，见账簿 5-6～账簿 5-9。

账簿 5-6

管理费用明细分类账

会计科目：管理费用

20××年 月	日	凭证号码	摘　要	√	人工费	折旧费	水电费	劳保	…	合　计	贷方转出
			…	…	…		…				
12	31	120 2/2	分配材料					2 750.00		2750.00	
12	31	121	分配工资		18 800.00					18 800.00	
12	31	122	分配人工费		9 024.00					9 024.00	
12	31	123	分配水电				9 643.62			9 643.62	
12	31	124	分配折旧			4 163.13				4 163.13	
			本月合计		…	…	…	…		…	…

账簿 5-7

制造费用明细分类账

会计科目：制造费用

20××年 月	日	摘要	√	工资	折旧	水电费	…	劳保	合计	贷方转出
12	31	分配材料费						12 650.00	12 650.00	
12	31	分配工资费		7 500.00					7 500.00	
12	31	分配其他工资费		3 600.00					3 600.00	
12	31	分配水电费				82 022.40			82 022.40	
12	31	分配折旧费			12 210.22				12 210.22	
12	31	分配制造费								117 982.62
12	31	本月合计		10 100.00	12 210.22	82 022.40		12 650.00	117 982.62	117 982.62

账簿 5-8

产品 5102 成本明细账

期初在产：吔

本期投产：60 吨

20××年 12 月 31 日　　本期完工：60 吨

产品名称：5102　　期末在产：0 吨

项　　目	直接材料	直接人工	制造费用	合　　计
期初在产品成本				
本期生产费用	138 753.04	10 444.56	31 301.51	180 499.11
合　　计	138 753.04	10 444.56	31 301.51	180 499.11
完工产品成本	138 753.04	10 444.56	31 301.51	180 499.11
期末在产品成本	0	0	0	0

账簿 5-9

产品 5108 成本明细账

期初在产：50 吨

本期投产：160 吨

20××年 12 月 31 日　　本期完工：210 吨

产品名称：5108　　期末在产：0 吨

项　　目	直接材料	直接人工	制造费用	合　　计
期初在产品成本	85 392.37	3 018.95	9 426.85	97 928.17
本期生产费用	350 916.10	28 923.44	86 681.11	466 520.65
合　　计	436 308.47	32 032.39	96 107.96	564 448.82
完工产品成本	436 308.47	32 032.39	96 107.96	564 448.82
期末在产品成本	0	0	0	0

2. 分配职工薪酬费用

(1) 根据工资结算汇总表(凭证 5-29)及车间工时记录(略)，编制工资费用各项分配表，见凭证 5-29～凭证 5-31。

凭证 5-29

工资结算汇总表

20××年 12 月 18 日

车间、部门		基本工资	奖金	津贴	应发工资	养老保险	失业保险	住房公积金	个人所得税	合计	实发工资
生产车间	生产工人	22 000	3 000	1 600	26 600	2 128	266	1 330	80	3 804	22 796
	管理人员	4 000	1 600	1 900	7 500	600	75	375	10	1 060	6 440
管理部门		11 000	4 200	3 600	18 800	1 504	188	940	100	2 732	16 068
单设销售部门		4 000	500	500	5 000	400	50	250	10	710	4 290
合计		41 000	9 300	7 600	57 900	4 632	579	2 895	200	8 306	49 594

注：养老保险按应付工资的 8%计算；失业保险按应付工资的 1%计算。

凭证 5-30

工资费用分配表

20××年 12 月

应借科目			直接计入	分配计入			合计
				生产工时	分配率	分配金额	
生产成本	5102	直接人工		2 600.00	2.7143	7 057.14	7 057.14
	5108	直接人工		7 200.00	2.7143	19 542.86	19 542.86
	小计			9 800.00		26600.00	26 600.00
制造费用	职工薪酬		7 500.00				7 500.00
管理费用	职工薪酬		18 800.00				18 800.00
销售费用	职工薪酬		5 000.00				5 000.00
合　　计			31 300.00				57 900.00

凭证 5-31

养老保险等费用计算及分配表

20××年 12 月

应借科目		工资总额	医疗保险(10%)	养老保险(12%)	失业保险(2%)	公积金(10.5%)	工会经费(2%)	职工教育经费(5%)	合计
生产成本	5102	7 057.14	705.71	846.86	141.14	741.00	141.14	105.86	3 387.42
	5108	19 542.86	1954.29	2 345.14	390.86	2 052.00	390.86	293.14	9 380.58
	小计	26 600.00	2660.00	3 192.00	532.00	2 793.00	532.00	399.00	12 768.00
制造费用	职工薪酬	7 500.00	750.00	900.00	150.00	787.50.00	150.00	112.50	3 600.00
管理费用	职工薪酬	18 800.00	1830.00	2 256.00	376.00	1 974.00	376.00	282.00	9 024.00
销售费用	职工薪酬	5 000.00	500.00	600.00	100.00	525.00	100.00	75.00	2 400.00
合　计		5 790.00.00	5790.00	6 948.00	1 158.00	6079.50	158.00	868.50	27 792.00

(2) 根据人工费用分配分配表编制人工费用分配的记账凭证，见凭证 5-32 和凭证 5-33。

凭证 5-32

记 账 凭 证

20XX 年 12月31日　　　　凭证第 121 号

摘 要	科目		借方										贷方									
	一级科目	二级科目	千	百	十	万	千	百	十	元	角	分	千	百	十	万	千	百	十	元	角	分
分配工资费用	生产成本	5102					7	0	5	7	1	4										
		5108				1	9	5	4	2	8	6										
	制造费用	人工费					7	5	0	0	0	0										
	管理费用	人工费				1	8	8	0	0	0	0										
	销售费用	人工费					5	0	0	0	0	0										
	应付职工薪酬	人工费														5	7	9	0	0	0	0
合计					¥	5	7	9	0	0	0	0			¥	5	7	9	0	0	0	0

附原始凭证 壹 张

会计主管　李晖　　记账　张一力　　复核　赵光为　　制证　王东

凭证 5-33

记 账 凭 证

20XX 年 12月31日　　　　凭证第 122 号

摘 要	科目		借方										贷方									
	一级科目	二级科目	千	百	十	万	千	百	十	元	角	分	千	百	十	万	千	百	十	元	角	分
分配其他工资费用	生产成本	5102					3	3	8	7	4	2										
		5108					9	3	8	0	5	8										
	制造费用	人工费					3	6	0	0	0	0										
	管理费用	人工费					9	0	2	4	0	0										
	销售费用	人工费					2	4	0	0	0	0										
	应付职工薪酬	人工费														2	7	7	9	2	0	0
合计					¥	2	7	7	9	2	0	0			¥	2	7	7	9	2	0	0

附原始凭证 壹 张

会计主管　李晖　　记账　张一力　　复核　赵光为　　制证　王东

(3) 登记成本费用相关账户明细分类账。根据有关记账凭证和原始凭证登记管理费用、销售费用、制造费用和生产成本明细分类账，见账簿 5-6～账簿 5-10。

账簿 5-10

销售费用明细分类账

会计科目：销售费用

20××年		凭证号码	摘 要	√	人工费	折旧		劳保	其他	合计	贷方转出
月	日										
		…	…		…	…	…	…	…		
12	31	121	分配工资		5 000.00					5 000.00	
12	31	122	分配人工		2 400.00					2 400.00	
12	31	124	分配折旧			1007.13				1007.13	
			本月合计		…	…	…	…	…	…	…

3. 分配水、电费用

(1) 根据水费、电费原始记录编制动力费用分配表，见凭证 5-34。

凭证 5-34

动力费用分配表

应借科目		分配水费			分配金额			合计
		耗用量立方米	单价	金额/元	耗用量/度	单价	金额/元	
制造费用	水电费	360.00	4.34	1 562.40	53 640.00	1.50	80 640.00	82 022.40
管理费用	水电费	93.00	4.34	403.62	5 960.00	1.50	8 940.00	9 343.62
合计		453.00		1 966.02	59 600.00		8 940.00	91 366.02

(2) 根据动力费用分配表编制记账凭证，见凭证 5-35。

凭证 5-35

记 账 凭 证

20XX 年 12月31日　　凭证第 123 号

摘　要	科　目		借　方										贷　方									
	一级科目	二级科目	千	百	十	万	千	百	十	元	角	分	千	百	十	万	千	百	十	元	角	分
分配水电费用	制造费用	水电费				8	2	0	2	2	4	0										
	管理费用	水电费					9	3	4	3	6	2										
	应付账款	供水公司															1	9	6	6	0	2
	应付账款	供电公司														8	9	4	0	0	0	0
合计					¥	9	1	3	6	6	0	2			¥	9	1	3	6	6	0	2

附原始凭证 壹 张

会计主管　李晖　　记账　张一力　　复核　赵光为　　制证　王东

(3) 登记成本费用相应明细账。根据有关记账凭证和原始凭证登记管理费用和制造费用明细分类账，见账簿 5-6 和账簿 5-7。

4. 分配折旧费用

(1) 编制折旧费用分配表，见凭证 5-36。

凭证 5-36

折旧费用分配表

项　目	基本生产车间	管理部门	专设销售机构	合　计
折旧费	12 210.22	4 163.13	1 007.13	17 380.48

(2) 根据折旧费用分配表编制记账凭证，见凭证 5-37。

凭证 5-37

记 账 凭 证

20XX 年 12月31日　　　　凭证第 124号

摘要	一级科目	二级科目	借方	贷方
分配折旧费用	制造费用	折旧费	12210.22	
	管理费用	折旧费	4163.13	
	销售费用	折旧费	1007.13	
	累计折旧			17380.48
合计			¥17380.48	¥17380.48

附原始凭证 壹 张

会计主管 李晖　　记账 张一力　　复核 赵光为　　制证 王东

(3) 登记成本费用相应明细账。根据有关记账凭证和原始凭证登记管理费用、销售费用和制造费用明细分类账，见账簿 5-6、5-7 和账簿 5-10。

5. 归集和分配制造费用

(1) 根据制造费用明细分类账已归集的制造费用总额(账簿 5-10)，及车间的工时记录，在车间生产的产品之间分配费用。编制制造费用分配表，见凭证 5-38。

凭证 5-38

制造费用分配表

20××年 12 月 31 日

应借科目			生产工时	分配率	分配金额
生产成本	5102	直接人工	2 600.00	12.04	31 301.51
	5108	直接人工	7 200.00	12.04	86 681.11
	小计		9 800.00		117 982.62

(2) 根据制造费用分配表编制记账凭证，见凭证 5-39。

凭证 5-39

记 账 凭 证

20××年 12月 31日　　　　凭证第 125号

摘要	一级科目	二级科目	借方	贷方
分配制造费用	生产成本	5102	31301.51	
	生产成本	5108	86681.11	
	制造费用			117982.62
合计			¥117982.62	¥117982.62

附原始凭证 壹 张

会计主管 李晖　　记账 张一力　　复核 赵光为　　制证 王东

(3) 登记制造费用和生产成本明细账。根据记账凭证和费用分配表登记制造费用明细账和生产成本明细分类账，见账簿 5-7～账簿 5-9。

6. 分配月末完工和月末在产品费用

分别计算产品 5102 和产品 5108 的完工产品成本和月末在产品成本，编制记账凭证(凭证 5-40)，并登记生产成本明细账，见账簿 5-8 和账簿 5-9。

凭证 5-40

记 账 凭 证

20XX 年 12月31日　　　　凭证第 126 号

摘 要	科 目		借 方										贷 方									
	一级科目	二级科目	千	百	十	万	千	百	十	元	角	分	千	百	十	万	千	百	十	元	角	分
结转完工产品成本	库存商品	5102			1	8	6	3	8	6	8	8										
		5108			4	7	5	3	1	1	5	0										
	生产成本	5102													1	8	6	3	8	6	8	8
		5108													4	7	5	3	1	1	5	0
合计				¥	6	6	1	6	9	8	3	8		¥	6	6	1	6	9	8	3	8

附原始凭证 壹 张

会计主管 李晖　　记账 张一力　　复核 赵光为　　制证 王东

5.3.3 实训资料及要求

1. 实训资料

新华农机制造公司，设有一个生产车间，生产甲、乙两种农机产品。产品成本核算采用品种法，设该生产用原材料于开始生产时一次投入。相关凭证见凭证 5-41～凭证 5-45。

凭证 5-41

材料发出汇总表

20××年 12 月 31 日

车 间 及 部 门		原 料 及 主 要 材 料		合 计
		圆 钢	钢 管	
		59.20 元/千克	30.74 元/千克	
甲农机	数量	2 200.00	1 300.00	
	金额	130 240.00	39 962.00	170 202.00
乙农机	数量	2 000.00	1100.00	
	金额	118 400.00	33 814.00	152 214.00
车间耗用	数量	200.00	100.00	
	金额	11 840.00	3 076.00	14 916.00
合计		260 480.00	76 852.00	337 332.00

凭证 5-42

工资结算汇总表

20××年 12 月 18 日

车间、部门		基本工资	奖金	津贴	应发工资	养老保险	失业保险	住房公积金	个人所得税	个计	实发工资
生产车间	甲农机	40 000.00	11 000	5 000	56 000						
	乙农机	65 000.00	20 000	8 800	93 800	7 504	938	4 690	80	13 212	80 588
	管理人员	10 000.00	3 000	1 000	14 000	1 120	140	700	10	1 970	12 030
管理部门		73 000.00	31 000	7 000	111 000	8 880	1 110	5 550	100	15 640	95 360
合计		148 000.00	54 000	1 6800	218 800	17 504	2 188	10 940	190	30 822	187 978

注：养老保险按应付工资的 8%计算；失业保险按应付工资的 1%计算。

凭证 5-43

折旧费用分配表

20××年 12 月 31 日　　单位：元

项　目	生 产 车 间	管 理 部 门	合　计
折旧费	1 6 000.00	2 000.00	18 000.00

凭证 5-44

产品入库单

交库单位：生产车间　　20××年 12 月 31 日　　编号：001

产品名称	型号规格	单位	交付数量	检查结果		实收数量	备注
				合格	不合格		
甲农机		台	60	60		60	

车间送库盖章：吴越　　检验盖章：韩晓　　仓库经收盖章：林立

凭证 5-45

产品入库单

交库单位：生产车间　　20××年 12 月 31 日　　编号：002

产品名称	型号规格	单位	交付数量	检查结果		实收数量	备注
				合格	不合格		
乙农机		台	55	55		55	

车间送库盖章：晋江　　检验盖章：玛丽　　仓库经收盖章：张楠

2. 实训要求

根据上述资料，填制相关分配表、明细分类账和记账凭证，见凭证 5-46～凭证 5-55，账簿 5-11～账簿 5-12。

凭证 5-46

工资费用分配表

20××年 12 月 31 日　　　　单位：元

应借科目			直接计入	分配计入			合计
总账科目	明细科目	成本或费用项目		生产工时	分配率	分配金额	

凭证 5-47

制造费用分配表

20××年 12 月 31 日　　　　单位：元

应借科目			分配计入			合计
总账	明细账	成本项目	工时	分配率	金额	
生产成本	甲农机	制造费用	475			
生产成本	乙农机	制造费用	525			
合计						

账簿 5-11

产品成本计算单

车间名称：生产车间　　　　20××年 12 月 31 日

产品名称：甲农机　　　　单位：元

项目	产量(台)	直接材料	直接人工	制造费用	合计
期初在产品成本	0				
本月投入费用	60				
合计					
完成产品成本	60				
单位成本					
月末在产品成本	0				

账簿 5-12

产品成本计算单

车间名称：生产车间　　　　　　　20××年 12 月 31 日

产品名称：乙农机　　　　　　　　　　　　　　　　　　　　单位：元

项　目	产量(台)	直接材料	直接人工	制造费用	合　计
期初在产品成本	0				
本月投入费用	55				
合计					
完成产品成本	55				
单位成本					
月末在产品成本	0				

凭证 5-48

记 账 凭 证

年　月　日　　　　　　凭证第　　号

摘　要	科　目		借　方										贷　方									
	一级科目	二级科目	千	百	十	万	千	百	十	元	角	分	千	百	十	万	千	百	十	元	角	分
合计																						

附原始凭证　壹　张

会计主管　　　　记账　　　　复核　　　　制证

凭证 5-49

记 账 凭 证

年　月　日　　　　　　凭证第　　号

摘　要	科　目		借　方										贷　方									
	一级科目	二级科目	千	百	十	万	千	百	十	元	角	分	千	百	十	万	千	百	十	元	角	分
合计																						

附原始凭证　壹　张

会计主管　　　　记账　　　　复核　　　　制证

凭证 5-50

记账凭证

年 月 日 凭证第 号

摘要	科目		借方										贷方									
	一级科目	二级科目	千	百	十	万	千	百	十	元	角	分	千	百	十	万	千	百	十	元	角	分
合计																						

附原始凭证 壹 张

会计主管　　记账　　复核　　制证

凭证 5-51

记账凭证

年 月 日 凭证第 号

摘要	科目		借方										贷方									
	一级科目	二级科目	千	百	十	万	千	百	十	元	角	分	千	百	十	万	千	百	十	元	角	分
合计																						

附原始凭证 壹 张

会计主管　　记账　　复核　　制证

凭证 5-52

记账凭证

年 月 日 凭证第 号

摘要	科目		借方										贷方									
	一级科目	二级科目	千	百	十	万	千	百	十	元	角	分	千	百	十	万	千	百	十	元	角	分
合计																						

附原始凭证 壹 张

会计主管　　记账　　复核　　制证

凭证 5-53

记 账 凭 证

年 月 日　　　　凭证第 号

摘要	科目		借方										贷方									
	一级科目	二级科目	千	百	十	万	千	百	十	元	角	分	千	百	十	万	千	百	十	元	角	分
合计																						

附原始凭证 壹 张

会计主管　　记账　　复核　　制证

凭证 5-54

记 账 凭 证

年 月 日　　　　凭证第 号

摘要	科目		借方										贷方									
	一级科目	二级科目	千	百	十	万	千	百	十	元	角	分	千	百	十	万	千	百	十	元	角	分
合计																						

附原始凭证 壹 张

会计主管　　记账　　复核　　制证

凭证 5-55

记 账 凭 证

年 月 日　　　　凭证第 号

摘要	科目		借方										贷方									
	一级科目	二级科目	千	百	十	万	千	百	十	元	角	分	千	百	十	万	千	百	十	元	角	分
合计																						

附原始凭证 壹 张

会计主管　　记账　　复核　　制证

第 6 章 期末会计结转实训

6.1 期末会计结转概述

6.1.1 期末会计结转的内容与程序

1. 期末会计结转的内容

期末会计结转的内容包括：制造费用期末转入生产成本；完工产品生产成本期末转入库存商品；已销产品成本期末从库存商品转入主营业务成本；期末结转损益；年末本年利润与利润分配结转。

损益结转的会计处理内容如图 6.1 所示。

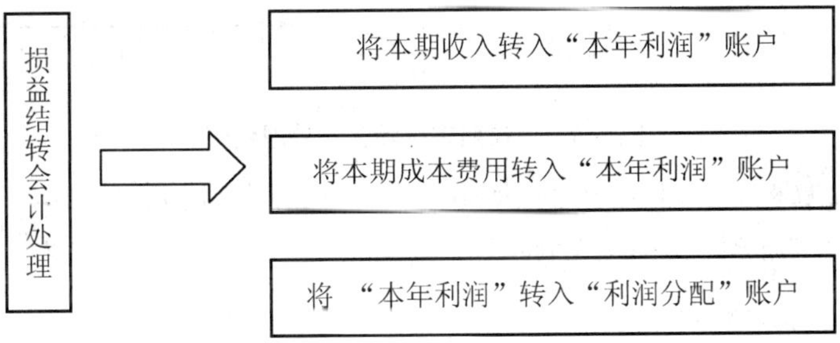

图 6.1 损益结转的会计处理内容

2. 期末会计结转的会计处理程序

1) 费用成本期末结转会计处理程序

制造费用期末转入生产成本、完工产品生产成本期末转入库存商品的会计处理程序如图 6.2 所示。

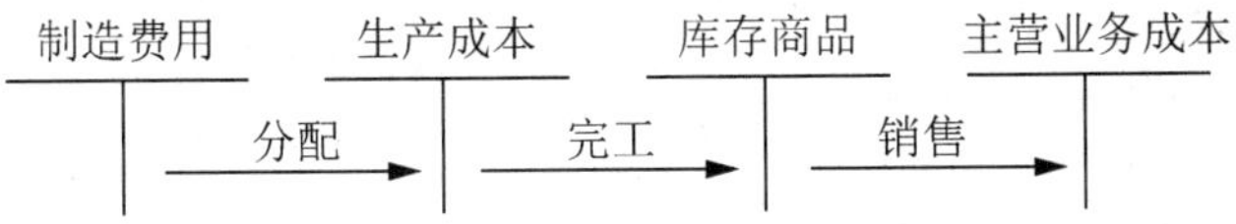

图 6.2 费用成本期末结转会计处理程序

2) 损益期末结转会计处理程序

年末本年利润与利润分配结转会计处理程序如图 6.3 所示。

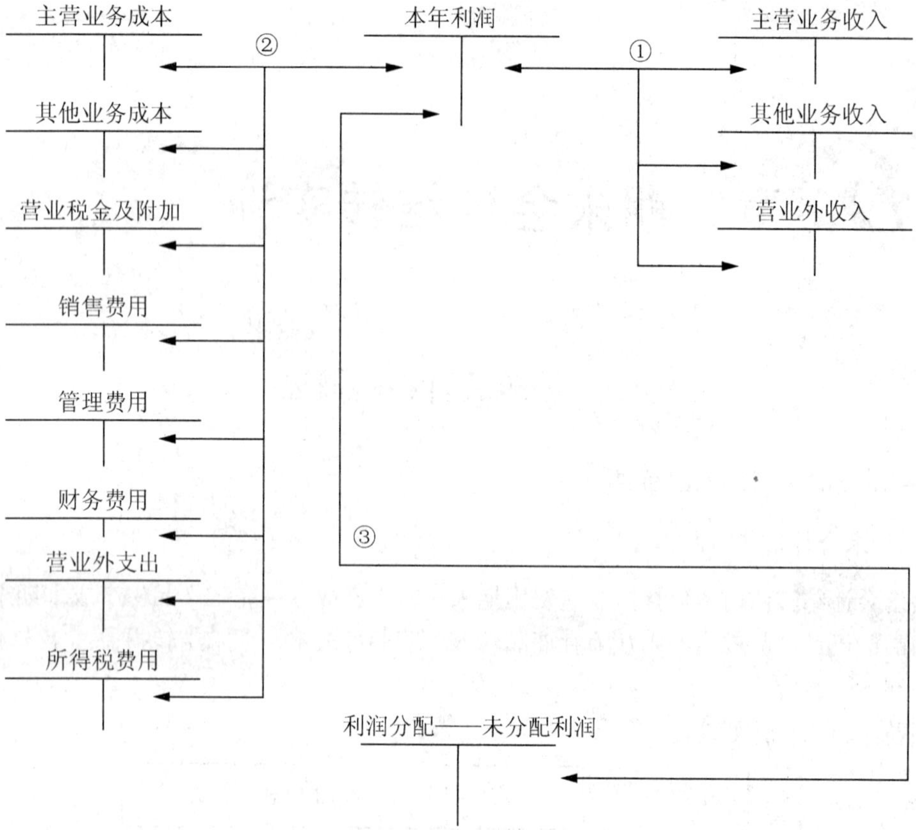

图 6.3 损益期末结转会计处理程序

说明：①期末结转各项收入至“本年利润”账户；②期末结转各项费用至“本年利润”账户；③年终结转全年净利润至“利润分配——未分配利润”账户。

6.1.2 期末会计结转的账务处理

1. 制造费用期末转入生产成本

制造费用期末转入生产成本账户的处理方法，见表 6-1。

表 6-1 制造费用期末结转

制造费用账户	制造费用期末结转	期末结转会计处理
核算企业生产车间为生产产品而发生的各项间接费用，发生各项制造费用时已经在该账户借方归集；选择合理的分配方法，期末将本期归集的制造费用总额分配计入各种产品生产成本，结转时在该账户贷方登记，期末一般无余额。	制造费用期末结转计入“生产成本”账户，编制制造费用分配表。	借：生产成本——×产品 ——×产品 贷：制造费用

2. 完工产品生产成本期末转入库存商品

完工产品的生产成本期末结转计入“库存商品”账户的处理方法，见表 6-2。

表 6-2 完工产品生产成本期末结转

“生产成本”账户	生产成本期末结转	期末结转会计处理
核算企业在产品生产中发生的各项生产耗费，借方登记发生的各项直接生产成本和应负担的制造费用；已经生产完成并已验收入库的产成品和自制半成品的实际成本从本账户贷方转出，期末余额在借方，表示尚未完工的在产品成本。	完工产品的生产成本期末结转计入“库存商品”账户，填制完工产品入库单。	借：库存商品——×产品 贷：生产成本——×产品

3. 已销产品成本期末从库存商品转入主营业务成本

已销产品成本期末从库存商品结转入“主营业务成本”账户的处理方法，见表 6-3。

表 6-3 已销产品成本期末结转

“库存商品”/“主营业务成本”账户	主营业务成本期末结转	期末结转会计处理
“库存商品”账户核算企业各种库存商品的实际成本，该账户属于资产类账户，借方登记已经生产完成并验收入库的各种产成品的实际成本；贷方登记对外销售的产成品实际成本，期末余额在借方，表示库存商品的实际成本。 “主营业务成本”账户核算企业确认销售商品、提供劳务等主营业务收入时应结转的商品或劳务成本。该账户属于损益类账户，借方登记企业结转的已售商品或已提供劳务的实际成本；本期发生的销售退回，如已结转销售成本的，应冲减主营业务成本，贷记该账户，期末其余额应转入“本年利润”账户，结转后无余额。	已销产品成本期末从库存商品结转入“主营业务成本”账户，填制库存商品出库单	借：主营业务成本——×产品 贷：库存商品——×产品

4. 期末结转损益

期末各损益类账户转入本年利润账户的处理，见表 6-4。

表 6-4 损益类账户期末结转

“本年利润”账户	期末结转	期末结转会计处理
核算企业在本年度实现的净利润或发生的净亏损，该账户属于所有者权益类账户。 期末应将各损益类账户转入本账户： 贷方登记从“主营业务收入”、“其他业务收入”、“营业外收入”等损益类账户借方转入的数额； 借方登记从“主营业务成本”、“其他业务成本”、“营业税金及附加”、“销售费用”、“管理费用”、“财务费用”、“营业外支出”、“所得税费用”等损益类账户贷方转入的数额； 期末若为贷方余额，表示实现的净利润，若为借方余额，表示发生的净亏损。 年度终了，该账户无论是借方余额还是贷方余额，都应全部转入“利润分配——未分配利润”账户，年终结转后无余额。	期末根据账簿记录，将本期收入类账户贷方发生额，从借方转入本年利润账户贷方。	借：主营业务收入 其他业务收入 营业外收入 贷：本年利润
	期末根据账簿记录，将本成本费用及支出类账户借方发生额，从贷方转入“本年利润”账户借方。	借：本年利润 贷：主营业务成本 营业税金及附加 其他业务成本 销售费用 管理费用 财务费用 营业外支出 所得税费用

5. 年末本年利润与利润分配结转

年末本年利润与利润分配结转的会计处理见表 6-5。

表 6-5 本年利润与利润分配期末结转

“利润分配”账户	本年利润与利润分配期末结转	期末结转会计处理
利润分配账户用来核算企业利润的分配(或亏损的弥补)和历年分配(或弥补)后的余额。该账户属于所有者权益类账户。 借方登记按规定实际分配的利润数额，或年终时从“本年利润”账户转入的全年净亏损； 贷方登记弥补以前年度的亏损以及年终从“本年利润”账户转入的全年净利润； 年终如为贷方余额，表示历年积累的未分配利润，如为借方余额，则为历年的未弥补亏损。	年末本年利润结转到“利润分配”账户	结转全年盈利： 借：本年利润 　　贷：利润分配 结转全年亏损 借：利润分配 　　贷：本年利润

6.2 实 训 范 例

6.2.1 制造费用及完工产品生产成本结转

吉林省光大机械设备公司，生产 A 产品、B 产品。20××年 12 月，制造费用借方发生额为 100 090.00 元(其中：A 产品分配 50 000.00 元；B 产品分配 50 090.00)；本月完工入库 A 产品生产成本为 260 000.00 元；本月已销售 A 产品成本为 189 000.00 元。制造费用分配表、完工产品入库单、库存商品出库单等原始凭证略。

要求：月末进行制造费用及完工产品生产成本结转。根据有关原始凭证，编制记账凭证，见凭证 6-1～凭证 6-3。

凭证 6-1

记 账 凭 证

20××年 12月 31日　　　　凭证第 36号

摘 要	借方 一级科目	借方 二级科目	页数	贷方 一级科目	贷方 二级科目	页数	千	百	十	万	千	百	十	元	角	分
分配制造费用	生产成本	A产品								5	0	0	0	0	0	0
		B产品								5	0	0	9	0	0	0
				制造费用					1	0	0	0	9	0	0	0
合计								¥	1	0	0	0	9	0	0	0

附原始凭证 壹 张

负责人 杨毅　　会计主管 李鸣　　收款人　　出纳　　制证 方新

凭证 6-2

记 账 凭 证

20××年 12月 31日　　　　凭证第 37号

摘要	借方 一级科目	借方 二级科目	页数	贷方 一级科目	贷方 二级科目	页数	千	百	十	万	千	百	十	元	角	分
结转完工产品成本	库存商品	A产品							2	6	0	0	0	0	0	0
				生产成本	A产品				2	6	0	0	0	0	0	0
合计								¥	2	6	0	0	0	0	0	0

附原始凭证 壹 张

负责人 杨毅　会计主管 李鸣　收款人　出纳　制证 方新

凭证 6-3

记 账 凭 证

20××年 12月 31日　　　　凭证第 38号

摘要	借方 一级科目	借方 二级科目	页数	贷方 一级科目	贷方 二级科目	页数	千	百	十	万	千	百	十	元	角	分
结转主营业务成本	主营业务成本	A产品							1	8	9	0	0	0	0	0
				库存商品	A产品				1	8	9	0	0	0	0	0
合计								¥	1	8	9	0	0	0	0	0

附原始凭证 壹 张

负责人 杨毅　会计主管 李鸣　收款人　出纳　制证 方新

6.2.2 收入费用及损益类账户结转

吉林省光大机械设备有限公司 20××年 12 月有关损益类账户发生额，见表 6-6。

表 6-6　　**损益类账户发生额**　　单位：元

账 户 名 称	借方发生额	贷方发生额
主营业务收入		3 688 500.00
主营业务成本	1 920 000.00	
营业税金及附加	453.00	
其他业务收入		55 500.00
其他业务成本	7 000.00	
管理费用	130 965.00	
财务费用	35 110.00	
销售费用	37 020.00	
投资收益		40 000.00
营业外收入		291 000.00
营业外支出	223 000.00	
合　　计	2 353 548.00	4 075 000.00

要求：根据损益类账户发生额作收入费用及损益类账户结转业务。

编制记账凭证，见凭证 6-4 和凭证 6-5。

凭证 6-4

记 账 凭 证

20xx 年 12 月31 日　　　　凭证第 39 号

摘　要	借　方		页数	贷　方		页数	金　额									
	一级科目	二级科目		一级科目	二级科目		千	百	十	万	千	百	十	元	角	分
结转收入	主营业务收入							3	6	8	8	5	0	0	0	0
	其他业务收入									5	5	5	0	0	0	0
	投资收益									4	0	0	0	0	0	0
	营业外收入								2	9	1	0	0	0	0	0
				本年利润				4	0	7	5	0	0	0	0	0
合计							¥	4	0	7	5	0	0	0	0	0

附原始凭证 壹 张

负责人　杨毅　　会计主管　李鸣　　收款人　　出纳　　制证　方新

凭证 6-5

记 账 凭 证

20xx 年 12 月31 日　　　　凭证第 40 号

摘　要	借　方		页数	贷　方		页数	金　额									
	一级科目	二级科目		一级科目	二级科目		千	百	十	万	千	百	十	元	角	分
结转成本、费用及税金	本年利润							2	3	5	3	5	4	8	0	0
				主营业务成本				1	9	2	0	0	0	0	0	0
				营业税金及附加								4	5	3	0	0
				其他业务成本							7	0	0	0	0	0
				管理费用					1	3	0	9	6	5	0	0
				财务费用						3	5	1	1	0	0	0
				销售费用						3	7	0	2	0	0	0
				营业外支出					2	2	3	0	0	0	0	0
合计							¥	2	3	5	3	5	4	8	0	0

附原始凭证 壹 张

负责人　杨毅　　会计主管　李鸣　　收款人　　出纳　　制证　方新

6.3 实训资料及要求

6.3.1 实训资料

（1）宏泰有限公司生产甲产品、乙产品。20××年 12 月，制造费用借方发生额为 110 000.00 元(其中：甲产品分配 60 000.00 元；乙产品分配 50 000.00)；本月完工入库甲产品生产成本为 210 000.00 元；本月已销售甲产品成本为 109 000.00 元。制造费用分配表、完工产品入库单、库存商品出库单等原始凭证略。

（2）宏泰有限公司 20××年 12 月有关损益类账户发生额见表 6-7。

表 6-7　　**损益类账户发生额**　　单位：元

账 户 名 称	借方发生额	贷方发生额
主营业务收入		5 681 500.00
主营业务成本	2 920 000.00	

(续表)

账 户 名 称	借方发生额	贷方发生额
营业税金及附加	353.00	
其他业务收入		65 500.00
其他业务成本	6 000.00	
管理费用	150 165.00	
财务费用	25 210.00	
销售费用	36 011.00	
营业外收入		321 000.00
营业外支出	113 000.00	
合　　计	3 250 739.00	6 068 000.00

6.3.2 实训要求

根据宏泰有限公司资料，进行本月制造费用及完工产品生产成本结转业务处理，编制有关记账凭证；根据表 6-7，进行月末收入费用及损益类账户结转业务处理，填制记账凭证。见凭证 6-6～凭证 6-9（会计部门负责人：杜佳，会计主管：张乙亮 ）。

凭证 6-6

记 账 凭 证

年　　月　　日　　　　　　　　凭证第　　号

摘要	借方		页数	贷方		页数	金额									
	一级科目	二级科目		一级科目	二级科目		千	百	十	万	千	百	十	元	角	分
合计																

附原始凭证　张

负责人　　　会计主管　　　收款人　　　出纳　　　制证

凭证 6-7

记 账 凭 证

年　　月　　日　　　　　　　　凭证第　　号

摘要	借方		页数	贷方		页数	金额									
	一级科目	二级科目		一级科目	二级科目		千	百	十	万	千	百	十	元	角	分
合计																

附原始凭证　张

负责人　　　会计主管　　　收款人　　　出纳　　　制证

凭证 6-8

记 账 凭 证

年 月 日　　　　　　凭证第 号

摘要	借方		页数	贷方		页数	金额									
	一级科目	二级科目		一级科目	二级科目		千	百	十	万	千	百	十	元	角	分
合计																

负责人　　会计主管　　收款人　　出纳　　制证

凭证 6-9

记 账 凭 证

年 月 日　　　　　　凭证第 号

摘要	借方		页数	贷方		页数	金额									
	一级科目	二级科目		一级科目	二级科目		千	百	十	万	千	百	十	元	角	分
合计																

负责人　　会计主管　　收款人　　出纳　　制证

第 7 章　对账与结账实训

7.1　对账与结账操作程序及范例

7.1.1　对账的内容及基本操作程序

对账是对账簿记录进行核对的工作。对账工作内容及操作程序如图 7.1 所示。

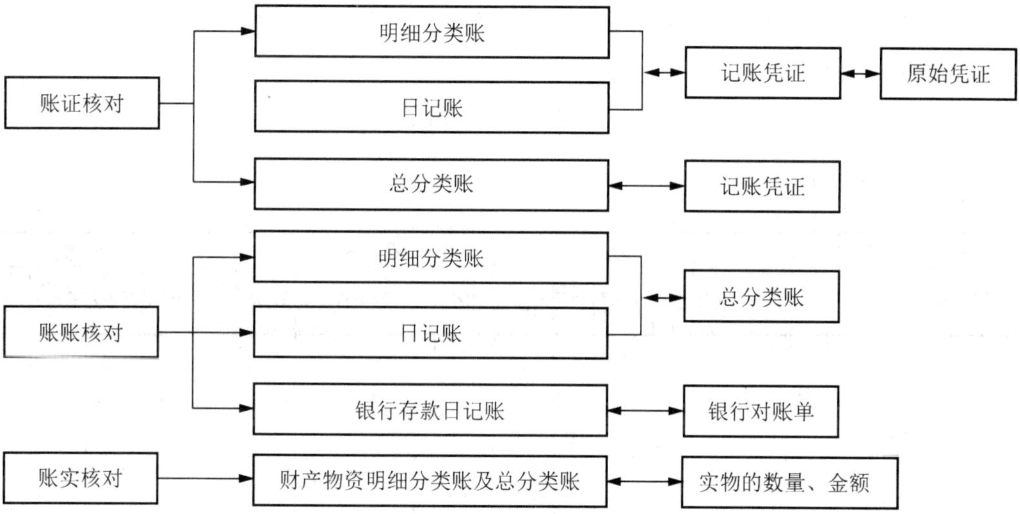

图 7.1　对账的内容与程序

7.1.2　结账基本操作方法及范例

结账是在会计期间结束时，计算、登记本期发生额和期末余额的会计工作，为登记会计报表提供依据。

1．结账的主要内容

结账的主要内容如下。

(1) 将本期收入、费用账户结转到“本年利润”账户，以计算利润，结转后收入、费用账户期末余额为零。

(2) 计算资产、负债、所有者权益账户的期末余额，结算期末余额。

2．结账的主要方法及范例

结账分为日结、月结和年结。具体结账的方法及范例分述如下：

1) 日结

日结，是每日对本日账簿记录所进行的总结，一般用于库存现金日记账。库存现金日记账的日结方法，见账簿 7-1（本日合计下划单红线）。

账簿 7-1

库存现金日记账

第 1 页

2011		凭证号码	摘要	借方											√	贷方											√	借或贷	余额										
月	日			亿	千	百	十	万	千	百	十	元	角	分		亿	千	百	十	万	千	百	十	元	角	分			亿	千	百	十	万	千	百	十	元	角	分
1	1		期初余额																									借						1	1	5	6	0	0
1	3	记 9	提现备用					1	9	1	0	0	0	0														借					2	0	2	5	6	0	0
1	3	记 22	报销办公费																		1	4	8	1	0	0		借					1	8	7	7	5	0	0
1	3		本日合计					1	9	1	0	0	0	0							1	4	8	1	0	0		借					1	8	7	7	5	0	0

2) 月结

月结，是指月末对本月账簿记录所进行的总结，所有账簿都要进行月结。以银行存款为例，银行存款日记账月结方法及范例，见账簿 7-2 和账簿 7-3（本月合计下划单红线，本年合计下划双红线）。

账簿 7-2

银行存款日记账

开户银行：中国工商银行

账号：78940

2011		凭证		支票		摘要	借方												√	贷方												√	借或贷	余额											
月	日	字	号	种类	号数		十	亿	千	百	十	万	千	百	十	元	角	分		十	亿	千	百	十	万	千	百	十	元	角	分			十	亿	千	百	十	万	千	百	十	元	角	分
1	1					上年结转																											借					2	3	0	0	0	0	0	0
	1	银付	1	支票	2101	提现																			3	5	0	0	0	0	0		借					1	9	5	0	0	0	0	0
	1	银收	1	支票	3201	销售商品收入						1	1	7	0	0	0	0															借					2	0	6	7	0	0	0	0
	1	银收	2	委收	5805	收回前欠货款							5	7	8	0	0	0															借					2	1	2	4	8	0	0	0
	2	银收	3	支票	3202	销售商品收入						6	5	3	0	0	0	0															借					2	7	7	7	8	0	0	0
	…					…																																							
	31					本月合计					1	8	4	5	9	3	2	0						2	6	4	3	6	9	0	0		借					1	5	0	2	2	4	2	0
…						…																																							
						1-11 月累计			1	6	4	9	3	8	2	6	0	0				1	5	9	8	7	3	2	8	0	0		借					7	3	6	4	9	8	0	0
12	1	银收	1	支票	4703	收回前欠货款						8	5	0	0	0	0	0															借					8	2	1	4	9	8	0	0
	1	银收	2	转存	1137	向银行取得借款					6	0	0	0	0	0	0	0															借				1	4	2	1	4	9	8	0	0
	1	银付	1	支票	4712	支付购料款																	1	1	7	0	0	0	0	0	0		借					2	5	1	4	9	8	0	0
	…					…																																							
	31					本月合计				3	1	4	6	8	4	0	0	0					3	5	7	9	2	8	0	0	0		借					3	0	4	0	5	8	0	0
	31					本年合计			1	9	6	4	0	6	6	6	0	0				1	9	5	6	6	6	0	8	0	0		借					3	0	4	0	5	8	0	0

账簿 7-3

银行存款总分类账

开户银行：交通银行

账号：09450

2011		凭证字号	摘要	借方											√	贷方											√	借或贷	余额										
月	日			亿	千	百	十	万	千	百	十	元	角	分		亿	千	百	十	万	千	百	十	元	角	分			亿	千	百	十	万	千	百	十	元	角	分
1	1		上年结转																													8	2	0	0	0	0	0	0
1	10	科汇 01	1-10 汇总				1	2	6	8	8	5	0	0														借				9	4	6	8	8	5	0	0
	20	科汇 02	11-20 汇总					2	9	0	0	0	0	0														借				9	7	5	8	8	5	0	0
	31	科汇 03	21-31 汇总					2	7	6	0	0	0	0						5	7	4	8	5	0	0		借				9	4	6	0	0	0	0	0
	31		本月合计				1	8	3	4	8	5	0	0						5	7	4	8	5	0	0		借				9	4	6	0	0	0	0	0
	31		本年累计				1	8	3	4	8	5	0	0						5	7	4	8	5	0	0		借				9	4	6	0	0	0	0	0
2	…	…	…																																				
	…	…	…																																				
12	31		本月合计					4	2	6	8	6	0	0						3	3	6	7	8	0	0		借			1	6	0	7	7	1	5	0	0
12	31		本年合计			5	9	8	4	5	6	8	0	0				5	1	9	6	8	5	3	0	0		借			1	6	0	7	7	1	5	0	0
			年初余额				8	2	0	0	0	0	0	0																									
			结转下年															1	6	0	7	7	1	5	0	0													
			合　计			6	8	0	4	5	6	8	0	0				6	8	0	4	5	6	8	0	0													

3) 年结

年结，是年末时对本年账簿记录所进行的总结，所有账簿记录都要进行年结。以银行存款总分类账年结（见账簿 7-3、账簿 7-4）、管理费用明细分类账年结为例(见账簿 7-5)。

账簿 7-4

银行存款总分类账

开户银行：交通银行

账号：09450

2012		凭证号码	摘要	借方											√	贷方											√	借或贷	余额										
月	日			亿	千	百	十	万	千	百	十	元	角	分		亿	千	百	十	万	千	百	十	元	角	分			亿	千	百	十	万	千	百	十	元	角	分
1	1		上年结转																									借			1	6	0	7	7	1	5	0	0

账簿 7-5

管理费用明细账

2011 月	日	凭证字号	摘要	办公费	水电费	职工薪酬	折旧费	差旅费	合计
12	20		承前页	52420.00	35681.00	93290.00		36920.00	218311.00
12	25	记 44	购零星办公用品	350.00					350.00
12	30	记 57	计提折旧				35624.00		35624.00
12	31	记 62	结转费用	52770.00	35681.00	93290.00	35624.00	36920.00	254285.00
12	31		本月合计	52770.00	35681.00	93290.00	35624.00	36920.00	254285.00
12	31		本年累计	632585.00	289750.00	964528.00	367321.00	612345.00	2866529.00
12	31		本年合计	632585.00	289750.00	964528.00	367321.00	612345.00	2866529.00

7.2 实训资料及要求

7.2.1 对账实训及要求

对账包括总分类账与明细分类账的核对，账簿记录与实物资产的核对，本节里仅对库存现金和银行存款的核对进行练习。

1. 库存现金盘点及核对

对库存现金全部登账、结出余额后，主管会计及出纳员在场，进行库存现金的盘点、账实核对。编制库存现金盘点报告表并签章，见凭证 7-1。

凭证 7-1

库存现金盘点报告表

单位名称：吉林省光大机械设备公司　　　2011 年 11 月 30 日

币种	实存金额	账存金额	对比结果		备注
			盘　盈	盘　亏	
人民币	2 519.00	2 569.00		50.00	

盘点人：沈严　　　　　　出纳员：廉明

要求：根据库存现金盘点表编制记账凭证，见凭证 7-2。

凭证 7-2

记 账 凭 证

年　月　日　　　　凭证第　号

摘要	借方		页数	贷方		页数	金额									
	一级科目	二级科目		一级科目	二级科目		千	百	十	万	千	百	十	元	角	分
合计																

附原始凭证　张

负责人　　会计主管　　收款人　　出纳　　制证

2. 银行存款余额核对及余额调节表编制

企业 20××年 3 月 5 日进行银行对账，3 月 1～5 日企业银行存款日记账账面记录与银行出具的 3 月 5 日对账单资料及对账后的情况，见凭证 7-3 和凭证 7-4。

凭证 7-3

开户银行：中国工商银行

企业银行存款日记账记录

账号：58940

日　期	凭 证 号	摘　要	借　方	贷　方	方　向	余　额	标　记
20××-3-1		期初余额			借	100 000.00	
20××-3-1	银付 001	付料款		30 000.00	借	70 000.00	
20××-3-1	银付 002	付料款		20 000.00	借	50 000.00	
20××-3-1	银收 001	收销货款	10 000.00		借	60 000.00	
20××-3-2	银收 002	收销货款	20 000.00		借	80 000.00	
20××-3-2	银付 003	交税金		80 000.00	借		
20××-3-3	银收 003	收销货款	60 000.00		借	60 000.00	
20××-3-3	银付 004	取备用金		20 000.00	借	40 000.00	
20××-3-5		期末余额			借	40 000.00	

凭证 7-4

开户银行：中国工商银行

银行对账单记录

账号：58940

日　期	摘　要	账 单 号	借　方	贷　方	方　向	余　额	标　记
20××-3-1	期初余额				贷	100 000.00	
20××-3-2	转支	0000501	30 000.00		贷	70 000.00	
20××-3-2	转支	0000602	20 000.00		贷	50 000.00	
20××-3-2	收入存款	0000103		10 000.00	贷	60 000.00	
20××-3-3	收入存款	0000544		20 000.00	贷	80 000.00	
20××-3-3	转支	0000185	80 000.00		贷		
20××-3-4	收入存款	0000066		80 000.00	贷	80 000.00	
20××-3-4	付出	0000207	70 000.00		贷	10 000.00	
20××-3-5	期末余额					10 000.00	

要求：根据资料，编制银行存款余额调节表，见凭证 7-5。

凭证 7-5

银行存款余额调节表

开户行：中国工商银行

账号：58940

项　目(摘要)	金　额(元)	项　目(摘要)	金　额(元)
企业银行存款日记账余额		银行对账单余额	
加：银行已收、企业未收款		加：企业已收、银行未收款	
减：银行已付、企业未付款		减：企业已付、银行未付款	
调节后的存款余额：		调节后的存款余额：	

7.2.2 结账实训及要求

1. 账簿日结及月结

库存现金日记账见账簿 7-6，对 20××年 1 月 3 日库存现金日记账记录作日结。

账簿 7-6

库存现金日记账

第 3 页

2011		凭证号码	摘要	√	借方											贷方												借或贷	余额										
月	日				亿	千	百	十	万	千	百	十	元	角	分	十	亿	千	百	十	万	千	百	十	元	角	分		亿	千	百	十	万	千	百	十	元	角	分
1	1		期初余额																									借						2	2	5	6	0	0
1	3	记 9	提现备用							9	0	0	0	0	0													借					1	1	2	5	6	0	0
1	3	记 22	支付水电费																			2	3	8	1	0	0	借						8	8	7	5	0	0
1	3		本日合计																																				

2. 账簿月结及年结

银行存款总分类账见账簿 7-7，对银行存款总分类账作月结和年结。

账簿 7-7

开户行：中国建设银行

银行存款总分类账

账号：05629

2011		凭证字号	摘要	借方											√	贷方											√	借或贷	余额										
月	日			亿	千	百	十	万	千	百	十	元	角	分		亿	千	百	十	万	千	百	十	元	角	分			亿	千	百	十	万	千	百	十	元	角	分
1	1		期初余额																									借					1	6	6	5	6	0	0
1	20	科汇 01	1-20 汇总					1	9	1	0	0	0	0							3	5	7	0	0	0		借					3	2	1	8	6	0	0
1	31	科汇 02	21-31 汇总					2	5	6	0	0	0	0						3	1	4	8	1	0	0		借					2	6	3	0	5	0	0
1	31		本月合计																																				
1	31		本年累计																																				
2	…	…	…																																				
…	…	…	…																																				
12	31		本年合计				8	1	2	6	2	2	0	0					5	1	8	6	7	1	0	0		借				3	1	0	6	0	7	0	0
			年初余额																																				
			结转下年																																				

第 8 章　会计报告编制实训

8.1　资产负债表编制

8.1.1　资产负债表编制概述

资产负债表是反映企业在某一特定日期的财务状况的会计报表。例如，公历每年 12 月 31 日的财务状况，它反映的就是该日的情况。资产负债表主要提供有关企业财务状况方面的信息，即某一特定日期关于企业资产、负债、所有者权益及其相互关系。

1. 资产负债表的内容与结构

资产负债表示第一会计报表，反映的是企业在特定时点上的资产、负债和所有者权益的总体规模，以及具体分布结构。

从结构上看，一张资产负债表包括表首和正表两部分。其中表首部分提供报表名称、报表编号、编制日期、编制单位及金额计量单位等资料。我国资产负债表按账户式反映，正表部分分为左右两方，左方列示资产类各项目，右方列示负债和所有者权益类各项目，资产类各项目的合计等于负债和所有者权益类各项目的合计。

2. 资产负债表的填列方法

资产负债表的“期末余额”栏内各项数字根据会计期末各总账户及所属明细账户的余额填列，“年初余额”栏内各项数字，根据上年年末资产负债表“期末余额”栏内各项数字填列。如果当年年度资产负债表规定的各个项目的名称和内容同上年度不一致，则按编报当年的口径对上年年末资产负债表各项目的名称和数字进行调整，填入本表“年初余额”栏内。资产负债表各项目“期末余额”栏，一般应根据资产、负债和所有者权益类科目的期末余额填列。

1) 根据总账科目的余额填列

“工程物资”、“固定资产清理”、“短期借款”、“交易性金融负债”、“应付票据”、“应付职工薪酬”、“应交税费”、“实收资本(或股本)”、“资本公积”等项目，应根据有关总账科目的余额填列。有些项目则需根据几个总账科目的余额计算填列，如“货币资金”项目，需根据“库存现金”、“银行存款”、“其他货币资金”3 个总账科目余额的合计数填列；“其他非流动资产”、“其他流动资产”项目，应根据有关科目的期末余额分析填列。

2) 根据明细账科目的余额计算填列

“开发支出”项目，应根据“研发支出”科目中所属的“资本化支出”明细科目期末余额填列；“应付账款”项目，应根据“应付账款”和“预付账款”两个科目所属的相关明细科目的期末贷方余额合计数填列：“一年内到期的非流动资产”、“一年内到期的非流动负债”项目，应根据有关非流动资产或负债项目的明细科目余额分析填列；“长期借款”、“应付债券”项目，应分别根据“长期借款”、“应付债券”科目的明细科目余额分析填列；“未分配利润”项目应根据所属的“未分配利润”明细科目期末余额填列。

3) 根据总账科目和明细账科目的余额分析计算填列

“长期借款”项目，需根据“长期借款”总账科目余额扣除“长期借款”科目所属的明细科目中将在资产负债表日起一年内到期，且企业不能自主地将清偿义务展期的长期借款后的金额计算填列；“长期待摊费用”项目，应根据“长期待摊费用”科目的期末余额减去将于一年内(含一年)摊销的数额后的金额填列；“其他非流动负债”项目，应根据有关科目的期末余额减去将于一年内(含一年)到期偿还数后的金额填列。

4) 根据有关科目余额减去其备抵科目余额后的净额填列

“可供出售金融资产”、“持有至到期投资”、“长期股权投资”、“在建工程”、“商誉”项目，应根据相关科目的期末余额填列，已计提减值准备的，还应扣减相应的减值准备；“固定资产”、“无形资产”、“投资性房地产”、“生产性生物资产”、“油气资产”项目，应根据相关科目的期末余额扣减相关的累计折旧(或摊销、折耗)填列，已计提减值准备的，还应扣减相应的减值准备，采用公允价值计量的上述资产，应根据相关科目的期末余额填列；“长期应收款”项目，应根据“长期应收款”科目的期末余额，减去相应的“未实现融资费用”科目和“坏账准备”科目所属相关明细科目期末余额后的金额填列；“长期应付款”项目，应根据“长期应付款”科目的期末余额，减去相应的“未确认融资费用”科目期末余额后的金额填列。

5) 综合运用上述填列方法分析填列

“应收票据”、“应收利息”、“应收股利”、“其他应收款”项目，应根据相关科目的期末余额，减去“坏账准备”科目中有关坏账准备期末余额后的金额填列；“应收账款”项目，应根据“应收账款”和“预收账款”科目所属各明细科目的期末借方余额合计数，减去“坏账准备”科目中有关应收账款计提的坏账准备期末余额后的金额填列；“预付款项”项目，应根据“预付账款”和“应付账款”科目所属各明细科目的期末借方余额合计数，减去“坏账准备”科目中有关预付款项计提的坏账准备期末余额后的金额填列；“存货”项目，应根据“材料采购”、“原材料”、“发出商品”、“库存商品”、“周转材料”、“委托加工物资”、“生产成本”、“受托代销商品”等科目的期末余额合计，减去“受托代销商品款”、“存货跌价准备”科目期末余额后的金额填列，材料采用计划成本核算，以及库存商品采用计划成本核算或售价核算的企业，还应按加或减材料成本差异、商品进销差价后的金额填列。

8.1.2 实训范例

1. 实训资料

卫星股份有限公司为一般纳税人，适用的增值税税率为 17%，所得税税率为 25%；原材料采用计划成本进行核算。

1) 期初余额

20××年 12 月 1 日有关科目的余额见表 8-1。

表 8-1

科目余额表

20××年 12 月 1 日　　单位：元

科目名称	借方余额	科目名称	贷方余额
库存现金	2 000.00	短期借款	25 000 000.00
银行存款	16 598 186.90	应付票据	36 892 317.20
其他货币资金	287 000.00	应付账款	52 172 205.41
交易性金融资产	100 000.00	应付职工薪酬	5 934 847.45
应收票据	8 135 101.25	应付股利	747 000.00
应收账款	76 722 183.23	应交税费	982 953.23
坏账准备	230 166.55	其他应付款	1 982 766.44
预付账款	2 054 987.01	预提费用	413 193.75
其他应收款	3 274 422.13	长期借款	20 000 000.00
材料采购	2 000 000.00	其中：一年内到期的长期负债	0.00
原材料	18 009 202.30	股本	83 000 000.00
周转材料	931 243.71	资本公积	100 000.00
库存商品	25 256 704.54	盈余公积	2 556 969.35
材料成本差异	743 505.26	利润分配	
待摊费用	471 576.59	(未分配利润)	26 551 920.59
长期股权投资	716 486.98		
固定资产	116 640 816.20		
累计折旧	-29 225 626.95		
在建工程	13 647 713.43		
无形资产	574 413.89		
长期待摊费用	96 000.00		
合　计	256 334 173.40	合　计	256 334 173.40

2) 经济业务

20××年 12 月，卫星股份有限公司发生业务如下：

(1) 1 日，收到银行通知，用银行存款支付到期的商业承兑汇票 11 700 000.00 元。

(2) 1 日，购入原材料一批，收到的增值税专用发票上注明的原材料价款为 1 500 000.00 元，增值税进项税额为 255 000.00 元，款项已通过银行转账支付，材料未验收入库。

(3) 1 日，收到原材料一批，实际成本 2 000 000.00 元，计划成本 1 950 000.00 元，材料已验收入库，货款已支付。

(4) 2 日，用银行汇票支付采购材料价款，公司收到开户银行转来银行汇票多余款收账通知，通知上填写的多余款为 234.00 元，购入材料及运费 99 800.00 元，支付的增值税进项税额为 16 966.00 元，原材料已验收入库，该批原材料计划价格 100 000.00 元。

(5) 2 日，销售产品一批，开出的增值税专用发票上注明的销售价款为 3 000 000.00 元，增值税销项税额为 510 000.00 元，货款尚未收到。该批产品实际成本 2 200 000.00 元，产品已发出。

(6) 4 日，公司将短期投资(全部为股票投资)100 000.00 元兑现，收到本金 100 000.00 元，投资收益 20 000.00 元，均存入银行。

(7) 4 日，购入不需安装的设备 1 台，收到的增值税专用发票上注明的设备价款为

854 700.00 元，增值税进项税额为 145 300.00 元，支付包装费、运费 10 000.00 元。价款及包装费、运费均以银行存款支付。设备已交付使用。

(8) 5 日，收到应收账款 25 100 000.00 元，存入银行。

(9) 6 日，购入工程物资一批，收到的增值税专用发票上注明的物资价款和增值税进项税额合计为 150 000.00 元，款项已通过银行转账支付。

(10) 9 日，工程应付工资 2 000 000.00 元，应付职工福利费 28 000.00 元，应付耕地占用税 100 000.00 元。

(11) 14 日，工程完工，计算应负担的长期借款利息为 150 000.00 元。该项借款本息未付。

(12) 15 日，一项工程完工，交付生产使用，已办理竣工手续，固定资产价值 1 400 000.00 元。

(13) 16 日，基本生产车间 1 台机床报废，原价 200 000.00 元，已提折旧 180 000.00 元，清理费用 500.00 元，残值收入 800.00 元，均通过银行存款收支。该项固定资产已清理完毕。

(14) 16 日，从银行借入 3 年期借款 4 000 000.00 元，借款已存入银行账户，该项借款用于购建固定资产。

(15) 16 日，销售产品一批，开出的增值税专用发票上注明的销售价款为 700 000.00 元，增值税进项税额为 119 000.00 元，款项已存入银行。销售产品的实际成本为 420 000.00 元。

(16) 18 日，公司将要到期的一张面值为 2 000 000.00 元的无息银行承兑汇票(不含增值税)，连同解讫通知和进账单交银行办理转账。收到银行盖章退回的进账单一联。款项银行已收妥。

(17) 18 日，收到股息 30 000.00 元(该项投资为成本法核算，对方税率和本企业一致，均为 25%)，已存入银行。

(18) 19 日，公司出售一台不需要设备，收到价款 300 000.00 元，该设备原价 400 000 元，已提折旧 150 000.00 元。该项设备已由购入单位运走。

(19) 19 日，提取应计入本期损益的借款利息共 215 000.00 元，其中，短期借款利息 1 150 000.00 元；长期借款利息共 1 000 000.00 元。

(20) 20 日，归还短期借款本金 25 000 000.00 元，利息 1 250 000.00 元，已预提 100 000.00 元。

(21) 20 日，提取现金 5 000 000.00 元，准备发放工资。

(22) 20 日，支付工资 5 000 000.00 元，其中包括支付给在建工程人员的工资 2 000 000.00 元。

(23) 20 日，分配应支付的职工工资 3 000 000 元(不包括在建工程应负担的工资)，其中生产人员工资 2 750 000.00 元，车间管理人员工资 100 000 元；行政管理部门人员工资 150 000.00 元。

(24) 20 日，提取职工福利费 420 000.00 元(不包括在建工程应负担的福利费 280 000.00 元)，其中生产工人福利费 385 000.00 元，车间管理人员福利费 14 000.00 元，行政管理部门福利费 21 000.00 元。

(25) 22 日，基本生产领用原材料，计划成本 700 000.00 元，领用低值易耗品，计划成本 50 000.00 元，采用一次摊销法摊销。

(26) 22 日，结转领用原材料应分摊的材料成本差异。材料成本差异率为 5%。

(27) 22 日，摊销无形资产 60 000.00 元；摊销印花税 10 000.00 元；基本生产车间固定资产修理费(已列入待摊费用)90 000.00 元。

(28) 22 日，计提固定资产折旧 1 000 000.00 元，其中计入制造费用 800 000.00 元；管理费用 200 000.00 元。首次计提固定资产减值准备 300 000.00 元。

(29) 22 日，收到应收账款 5 100 000.00 元，存入银行。按应收账款余额的 0.3%计提坏账准备。

(30) 24 日，用银行存款支付产品展览费 100 000.00 元。

(31) 25 日，计算并结转本期完工产品成本 11 564 000.00 元。没有期初在产品，本期生产的产品全部完工入库。

(32) 26 日，广告费 100 000.00 元，已用银行存款支付。

(33) 26 日，公司采用商业承兑汇票结算方式销售产品一批，开出的增值税专用发票上注明的销售价款为 250 000.00 元，增值税销项税额为 42 500.00 元，收到 292 500.00 元的商业承兑汇票 1 张。

(34) 28 日，公司将未到期承兑汇票到银行办理贴现，贴现息为 20 000.00 元。

(35) 28 日，提取现金 500 000.00 元，准备支付退休费。

(36) 28 日，支付退休金 500 000.00 元，未统筹。

(37) 29 日，公司本期产品销售应缴纳的教育费附加为 10 000.00 元。

(38) 29 日，用银行存款缴纳增值税 600 000.00 元；教育费附加 10 000.00 元。

(39) 31 日，结转本期产品销售成本 2 750 000.00 元。

(40) 31 日，将各收支科目结转本年利润,并计算并结转应交所得税。

(41) 31 日，结转本年利润。

3) 编制记账凭证

根据上述经济业务，卫星股份公司已编制记账凭证，由于篇幅所限，简化记账凭证格式，见凭证 8-1。

凭证 8-1

20××年 12 月简化记账凭证

凭证号	日　期	总账科目	明细科目	借方金额	贷方金额
001	12.1	应付票据 银行存款		11 700 000.00	 11 700 000.00
002	12.1	材料采购 应交税费 银行存款	 应交增值税(进项税额)	1 500 000.00 255 000.00	 1 755 000.00
003	12.1	原材料 材料成本差异 材料采购		1 950 000.00 50 000.00	 2 000 000.00
004	12.2	材料采购 银行存款 应交税费 其他货币资金	 应交增值税(进项税额) 银行汇票	99 800.00 234.00 16 966.00	 117 000.00
005	12.2	原材料 材料采购 材料成本差异		100 000.00	 99 800.00 200.00

(续表)

凭证号	日　期	总账科目	明细科目	借方金额	贷方金额
006	12.2	应收账款 主营业务收入 应交税费	 应交增值税(销项税额)	3 510 000.00	 3000 000.00 510 000.00
007	12.4	银行存款 交易性金融资产 投资收益		120 000.00	 100 000.00 20 000.00
008	12.4	固定资产 银行存款		1 010 000.00	 1 010 000.00
009	12.5	银行存款 应收账款		25 100 000.00	 25 100 000.00
010	12.6	工程物资 银行存款		150 000.00	 150 000.00
011	12.9	在建工程 应付职工薪酬 应交税费	 工资 福利费 耕地占用税	2 380 000.00	 2 000 000.00 280 000.00 100 000.00
012	12.14	在建工程 应付利息		150 000.00	 150 000.00
013	12.15	固定资产 在建工程		1 400 000.00	 1 400 000.00
014 1/4	12.16	固定资产清理 累计折旧 固定资产		20 000.00 180 000.00	 200 000.00
014 2/4	12.16	固定资产清理 银行存款		500.00	 500.00
014 3/4	12.16	银行存款 固定资产清理		800.00	 800.00
014 4/4	12.16	营业外支出 固定资产清理		19 700.00	 19 700.00
015	12.16	银行存款 长期借款		4 000 000.00	 4 000 000.00
016	12.16	银行存款 主营业务收入 应交税费	 应交增值税(销项税额)	819 000.00	 700 000.00 119 000.00
017	12.18	银行存款 应收票据		2 000 000.00	 2 000 000.00
018	12.18	银行存款 投资收益		30 000.00	 30 000.00
019 1/3	12.19	固定资产清理 累计折旧 固定资产		250 000.00 150 000.00	 400 000.00
019 2/3	12.19	银行存款 固定资产清理		300 000.00	 300 000.00
019 3/3	12.19	固定资产清理 营业外收入		50 000.00	 50 000.00

(续表)

凭证号	日　期	总账科目	明细科目	借方金额	贷方金额
020	12.19	财务费用		2 150 000.00	
		应付利息			2 150 000.00
021	12.20	短期借款		25 000 000.00	
		预提费用		100 000.00	
		应付利息		1150000	
		银行存款			26 250 000.00
022	12.20	库存现金		5 000 000.00	
		银行存款			5 000 000.00
023	12.20	应付职工薪酬	工资	5 000 000.00	
		库存现金			5 000 000.00
024	12.20	生产成本		2 750 000.00	
		制造费用		100 000.00	
		管理费用		150 000.00	
		应付职工薪酬	工资		3 000 000.00
025	12.20	生产成本		385 000.00	
		制造费用		14 000.00	
		管理费用		21 000.00	
		应付职工薪酬	福利费		420 000.00
026	12.22	生产成本		7 000 000.00	
		原材料			7 000 000.00
		制造费用		50 000.00	
		周转材料			50 000.00
027	12.22	生产成本		350 000.00	
		制造费用		25 000.00	
		材料成本差异			375 000.00
028	12.22	管理费用		70 000.00	
		制造费用		90 000.00	
		累计摊销			60 000.00
		待摊费用			100 000.00
029	12.22	制造费用		800 000.00	
		管理费用		200 000.00	
		累计折旧			1 000 000.00
030	12.22	资产减值损失		300 000.00	
		固定资产减值准备			300 000.00
031	12.22	银行存款		5 100 000.00	
		应收账款			5 100 000.00
032	12.22	坏账准备		80 070.00	
		资产减值损失			80 070.00
033	12.24	销售费用		100 000.00	
		银行存款			100 000.00
034	12.25	生产成本		1 079 000.00	
		制造费用			1 079 000.00

(续表)

凭证号	日　期	总账科目	明细科目	借方金额	贷方金额
035	12.25	库存商品 生产成本		11 564 000.00	 11 564 000.00
036	12.26	销售费用 银行存款		100 000.00	 100 000.00
037	12.26	应收票据 主营业务收入 应交税费	 应交增值税(销项税额)	292 500.00	 250 000.00 42 500.00
038	12.28	财务费用 银行存款 应收票据		20 000.00 272 500.00	 292 500.00
039	12.28	库存现金 银行存款		500 000.00	 500 000.00
040	12.28	管理费用 库存现金		500 000.00	 500 000.00
041	12.29	营业税金及附加 其他应付款	 应交教育费附加	10 000.00	 10 000.00
042	12.29	应交税费 其他应付款 银行存款	应交增值税(已交税金) 应交教育费附加	600 000.00 10 000.00	 610 000.00
043	12.31	主营业务成本 库存商品		2 750 000.00	 2 750 000.00
044	12.31	主营业务收入 营业外收入 投资收益 本年利润		3 950 000.00 50 000.00 50 000.00	 4 050 000.00
045	12.31	本年利润 主营业务成本 营业税金及附加 销售费用 管理费用 财务费用 资产减值损失 营业外支出		6 310 630.00	 2 750 000.00 10 000.00 200 000.00 941 000.00 2 170 000.00 219 930.00 19 700.00
046	12.31	利润分配 本年利润	未分配利润	2 260 630.00	 2 260 630.00

会计主管：李民　　　　记账：萧华　　　　复核：沈基　　　　制证：方方

2. 科目汇总表的编制

1) 编制科目汇总表工作底稿

根据凭证 8-1 简化的记账凭证，编制科目汇总表工作底稿具体如下：

库存现金

22	5000000	23	5000000
39	500000	40	500000
合计	5500000	合计	5500000

其他货币资金

		4	117000
合计	0	合计	117000

交易性金融资产

		7	100000
合计	0	合计	100000

银行存款

4	234	1	11700000
7	120000	2	1755000
9	25100000	8	1010000
14	800	10	150000
15	4000000	14	500
16	819000	21	26250000
17	2000000	22	5000000
18	30000	33	100000
19	300000	36	100000
31	5100000	39	500000
38	272500	42	610000
合计	37742534	合计	47175500

应收票据

37	292500	17	2000000
		38	292500
合计	292500	合计	2292500

应收账款

6	3510000	9	25100000
		31	5100000
合计	3510000	合计	30200000

坏账准备

32	80070		
合计	80070	合计	0

材料采购

2	1500000	3	2000000
4	99800	5	99800
合计	1599800	合计	2099800

材料成本差异

3	50000	5	200
		27	375000
合计	50000	合计	375200

库存商品

35	11564000	43	2750000
合计	11564000	合计	2750000

在建工程

11	2380000	13	1400000
12	150000		
合计	2530000	合计	1400000

原材料

3	1950000	26	7000000
5	100000		
合计	2050000	合计	7000000

待摊费用

		28	100000
合计	0	合计	100000

工程物资

10	150000		
合计	150000	合计	0

累计摊销

		28	60000
合计	0	合计	60000

固定资产减值准备

		30	300000
合计	0	合计	300000

周转材料

		26	50000
合计	0	合计	50000

固定资产

8	1010000	14	200000
13	1400000	19	400000
合计	2410000	合计	600000

累计折旧

14	180000	29	1000000
19	150000		
合计	330000	合计	1000000

短期借款

21	25000000		
合计	25000000	合计	0

应付票据

1	11700000		
合计	11700000	合计	0

应付利息

21	1150000	12	150000
		20	2150000
合计	1150000	合计	2300000

应付职工薪酬

23	5000000	11	2280000
		24	3000000
		25	420000
合计	5000000	合计	5700000

应交税费

2	255000	6	510000
4	16966	11	100000
42	600000	16	119000
		37	42500
合计	871966	合计	771500

长期借款

		15	4000000
合计	0	合计	4000000

预提费用

21	100000		
合计	100000	合计	0

制造费用

24	100000	34	1079000
25	14000		
26	50000		
27	25000		
28	90000		
29	800000		
合计	1079000	合计	1079000

管理费用

24	150000	45	941000
25	21000		
28	70000		
29	200000		
40	500000		
合计	941000	合计	941000

资产减值损失

30	300000		
32	-80070	45	219930
合计	219930	合计	219930

利润分配——未分配利润

46	2260630		
合计	2260630	合计	0

其他应付款

42	10000	41	10000
合计	10000	合计	10000

生产成本

24	2750000	35	11564000
25	385000		
26	7000000		
27	350000		
34	1079000		
合计	11564000	合计	11564000

销售费用

33	100000	45	200000
36	100000		
合计	200000	合计	200000

财务费用

20	2150000	45	2170000
38	20000		
合计	2170000	合计	2170000

本年利润

45	6310630	44	4050000
		46	2260630
合计	6310630	合计	6310630

固定资产清理

14	20000	14	800
14	500	14	19700
19	250000	19	300000
19	50000		
合计	320500	合计	320500

主营业务成本

43	2750000	45	2750000
合计	2750000	合计	2750000

主营业务收入

44	3950000	6	3000000
		16	700000
		37	250000
合计	3950000	合计	3950000

营业税金及附加

41	10000	45	10000
合计	10000	合计	10000

营业外收入

44	50000	19	50000
合计	50000	合计	50000

营业外支出

14	19700	45	19700
合计	19700	合计	19700

投资收益

44	50000	7	20000
		18	30000
合计	50000	合计	50000

2) 填制科目汇总表

根据科目汇总表工作底稿中各科目所列合计金额，填制科目汇总表，见凭证 8-2。

凭证 8-2

科目汇总表

记账凭证第 001 号至第 046 号　　20××年 12 月 31 日　　编号：12

借　方	会计科目	贷　方
5 500 000.00	库存现金	5 500 000.00
37 742 534.00	银行存款	47 175 500.00
0	其他货币资金	117 000.00
0	交易性金融资产	100 000.00
292 500.00	应收票据	2 292 500.00
3 510 000.00	应收账款	30 200 000.00
80 070.00	坏账准备	0
1 599 800.00	材料采购	2 099 800.00
2 050 000.00	原材料	7 000 000.00
0	周转材料	50 000.00
11 564 000.00	库存商品	2 750 000.00
50 000.00	材料成本差异	375 200.00
0	待摊费用	100 000.00
2 410 000.00	固定资产	600 000.00
330 000.00	累计折旧	1 000 000.00
0	固定资产减值准备	300 000.00
2 530 000.00	在建工程	1 400 000.00
150 000.00	工程物资	0
320 500.00	固定资产清理	320 500.00
0	累计摊销	60 000.00
25 000 000.00	短期借款	0
11 700 000.00	应付票据	0
5 000 000.00	应付职工薪酬	5 700 000.00
871 966.00	应交税费	771 500.00
1 150 000.00	应付利息	2 300 000.00
10 000.00	其他应付款	10 000.00
100 000.00	预提费用	0
0	长期借款	4 000 000.00
6 310 630.00	本年利润	6 310 630.00
2 260 630.00	利润分配	0
1 1564 000.00	生产成本	11 564 000.00
1 079 000.00	制造费用	1 079 000.00
3 950 000.00	主营业务收入	3 950 000.00
50 000.00	投资收益	50 000.00
50 000.00	营业外收入	50 000.00
2 750 000.00	主营业外成本	2 750 000.00
10 000.00	营业税金及附加	10 000.00
200 000.00	销售费用	200 000.00
941 000.00	管理费用	941 000.00

(续表)

借　方	会计科目	贷　方
2 170 000.00	财务费用	2 170 000.00
219 930.00	资产减值损失	219 930.00
19 700.00	营业外支出	19 700.00
143 536 260.00	合　计	143 536 260.00

3. 总分类账的登记

复核所编制的科目汇总表，检查借方发生额合计和贷方发生额合计是否相等，根据科目汇总表登记总账时，只需要将按科目汇总的借、贷方发生额，分次或月末一次计入相应总分类账的借方或贷方即可(总分类账登记略)。

4. 填列资产负债表

根据上述资料，编制期末余额表(见表 8-2)，编制卫星股份有限公司 20××年 12 月 31 日资产负债表(见表 8-3)。

表 8-2

科目余额表

20××年 12 月 31 日

科目名称	借方余额	科目名称	贷方余额
库存现金	2 000.00	短期借款	0
银行存款	7 165 220.90	应付票据	25 192 317.20
其他货币资金	170 000.00	应付账款	52 172 205.41
交易性金融资产	0	应付职工薪酬	6 634 847.45
应收票据	6 135 101.25	应付股利	747 000.00
应收账款	50 032 183.23	应交税费	882 487.23
坏账准备	−150 096.55	应付利息	1 150 000.00
预付账款	2 054 987.01	其他应付款	1 982 766.44
其他应收款	3 274 422.13	预提费用	313 193.75
材料采购	1 500 000.00	长期借款	24 000 000.00
原材料	12 587 625.8		0
周转材料	881 243.71	股本	83 000 000.00
库存商品	34 070 704.54	资本公积	100 000.00
材料成本差异	418 305.26	盈余公积	2 556 969.35
待摊费用	371 576.59	本年利润	0
长期股权投资	716 486.98	利润分配	
固定资产	118 450 816.20	(未分配利润)	24 291 290.59
累计折旧	−29 895 626.95		
固定资产减值准备	−300 000.00		
在建工程	14 777 713.43		
工程物资	150 000.00		
固定资产清理	0		
无形资产	574 413.89		
累计摊销	−60 000.00		
长期待摊费用	96 000.00		
合　计	223 023 077.40	合　计	223 023 077.40

表 8-3

资产负债表

编制单位：卫星公司　　　　20××年12月31日　　　　单位：元

资　　产	行次	期末余额	年初余额	负债和所有者权益(或股东权益)	行次	期末余额	年初余额
流动资产：				流动负债：			
货币资金	1	7 337 220.90	16 887 186.90	短期借款	42	0.00	25 000 000.00
交易性金融资产	2	0.00	100 000.00	交易性金融负债	43		
应收票据	5	6 135 101.25	8 135 101.25	应付票据	44	25 192 317.20	36 892 317.20
应收账款	6	49 882 086.68	76 492 016.68	应付账款	45	52 172 205.41	52 172 205.41
预付账款	7	2 054 987.01	2 054 987.01	预收账款	47		
应收利息	10			应付职工薪酬	48	6 634 847.45	5 934 847.45
应收股利	11			应交税费	49	882 487.23	982 953.23
其他应收款	12	3 274 422.13	3 274 422.13	应付利息	50	1 150 000.00	0
应收补贴款	13			应付股利	51	747 000.00	747 000.00
存货	16	49 457 879.31	46 469 079.31	其他应付款	52	1 982 766.44	1 982 766.44
	17				53		
一年内到期的非流动资产	19			一年内到期的非流动负债	54		
其他流动资产	20	371 576.59	47 1576.59	其他流动负债	55	313 193.75	413 193.75
流动资产合计	21	118 513 273.87	153 884 369.87	流动负债合计	56	89 074 817.48	124 125 283.48
非流动资产：				非流动负债：			
可供出售金融资产	22			长期借款	57	24 000 000.00	20 000 000.00
持有至到期投资	23			应付债券	58		
长期股权投资	24	716 486.98	716 486.98	长期应付款	59		
投资性房地产	27			预计负债	60		
固定资产	28	88 255 189.25	87 415 189.25	递延所得税负债	61		
在建工程	29	14 777 713.43	13 647 713.43	其他非流动负债	62		
工程物资	30	150 000.00	0	非流动负债合计	63	24 000 000.00	20 000 000.00
固定资产清理	31			负债合计	64	113 074 817.48	144 125 283.48
生产性生物资产	32						
无形资产	33	514 413.89	574 413.89	所有者权益(股东权益)：			
开发支出	34			实收资本(或股本)	65	83 000 000.00	83 000 000.00
商誉	35			资本公积	66	100 000.00	10 0000.00
长期待摊费用	37	96 000.00	96 000.00	盈余公积	67	2 556 969.35	2 556 969.35
递延所得税资产	38			其中：法定公益金	68	852 323.12	852 323.12
其他非流动资产	39			未分配利润	69	24 291 290.59	26 551 920.59
非流动资产合计	40	104 509 803.55	102 449 803.55	所有者权益(股东权益)合计	70	109 948 259.94	112 208 889.94
资产总计	41	223023077.52	256334173.42	负债和所有者(或股东)权益总计	71	223023077.42	256334173.42

8.1.3 实训资料及要求

1. 实训企业资料

吉林省光大机械设备公司为增值税一般纳税人，增值税税率为 17%，所得税税率为 25%。存货计价采用全月一次加权平均法。

1) 公司期初资料

吉林省光大机械设备公司 20××年 12 月 1 日科目余额表见表 8-4。

表 8-4 **科目余额表**

20××年 12 月 1 日

科目名称	借方余额	科目名称	贷方余额
库存现金	300.00	短期借款	300 000.00
银行存款	1 256 000.00	应付票据	200 000.00
其他货币资金	150 000.00	应付账款	953 800.00
交易性金融资产	15 000.00	应付职工薪酬	110 000.00
应收票据	246 000.00	应交税费	30 000.00
应收账款	300 000.00	应付股利	
坏账准备	−900.00	应付利息	
预付账款	100 000.00	其他应付款	56 600.00
其他应收款	5 000.00	预提费用	1 000.00
材料采购	500 000.00	长期借款	1 600 000.00
原材料	980 000.00		
周转材料	350 000.00	股本	5 000 000.00
库存商品	750 000.00	资本公积	
待摊费用	100 000.00	盈余公积	150 000.00
长期股权投资	250 000.00	本年利润	
固定资产	1 500 000.00	利润分配	
累计折旧	−400 000.00.00	(未分配利润)	
固定资产减值准备			
在建工程	1 500 000.00		
工程物资			
固定资产清理			
无形资产	600 000.00		
累计摊销			
长期待摊费用	200 000.00		
合　计	8 401 400.00	合　计	8 401 400.00

吉林省光大机械设备公司期初存货资料见表 8-5 和表 8-6。

表 8-5 **材料期初余额**

存货编码	存货名称	计量单位	数量	金额/元
0101	A 材料	吨	736	749 200.00
0102	B 材料	吨	200	229 800.00
0103	C 材料	吨	10	1 000.00
0601	易耗品	个	7000	350 000.00

表 8-6 **库存商品期初余额**

存货编码	存货名称	计量单位	数　量	金额/元
0201	机器 1	台	14	500 000.00
0202	机器 2	台	2	250 000.00

2) 业务资料

20××年 12 月发生经济业务如下。

(1) 1 日，收到中国工商银行通知，用银行存款支付到期的商业承兑汇票 100 000.00 元。增值税已于前期支付。

(2) 2 日，购入 A 材料 150 吨，无税单价 1 000.00 元/吨，增值税 25 500.00 元，用银行存款支付货款 175 500.00 元，货款已付，材料入库。

(3) 5 日，购入 B 材料数量 100.00 吨，价款及运费共 99 800.00 元，支付的增值税额为 16 966.00 元，原材料已验收入库，款未付。

(4) 7 日，销售产品一批给甲公司(机器 1:4 台，每台无税单价 30 000.00 元，机器 2:1 台，无税单价 180 000.00 元)，销售价款 300 000.00 元，增值税 51 000 元，产品已发出，发票已开，价款未收到。

(5) 9 日，销售产品一批给甲公司(机器 1:10 台，无税价格 70 000.00)，收到价款 819 000.00 元，其中税金 119 000.00 元，收到的货款已存入银行。货已发出。

(6) 10 日，从中国工商银行提取现金 500 000.00 元准备发工资。

(7) 14 日，摊销无形资产 60 000 元，摊销印花税 10 000.00 元。

(8) 15 日，计提固定资产折旧 100 000.00 元，其中应计入制造费用 80 000.00 元，管理费用 20 000.00 元。

(9) 20 日，收到客户乙公司的应收账款 51 000.00 元(不含增值税)，存入银行，按应收账款余额的 3‰计提坏账。本次计提 900.00 元。

(10) 24 日，用银行存款支付产品展览费 10 000.00 元，已用银行存款支付。

(11) 28 日，支付工资 500 000.00 元，其中包括支付给工程人员工资 200 000.00 元。

(12) 28 日，分配应支付的职工工资 300 000.00 元，其中生产人员工资 275 000.00 元，车间管理人员工资 10 000.00 元，行政管理部门人员工资 15 000.00 元。

(13) 28 日，提取职工养老保险费 42 000.00 元(不包括工程应负担的职工养老保险费 28 000.00 元)，其中生产工人职工养老保险费 38 500.00 元，车间管理人员职工养老保险费 1 400.00 元，行政管理部门人员职工养老保险费 2 100.00 元。

(14) 28 日，生产领用 A 材料 736 吨(机器 1:550 吨，机器 2：186 吨)，C 材料 10 吨(机器 1:8 吨，机器 2:2 吨)，生产车间领用低值易耗品 1 000 个，采用一次摊销法摊销。

(15) 28 日，没有期初在产品，本期生产的产品全部完工入库，包括机器 1:20 台、机器 2:4 台。计算上述完工产品成本，进行成本分配。

(16) 31 日，结转产品销售成本。

(17) 31 日，将各收支科目结转本年净利润。

(18) 31 日，计提所得税费用。

(19) 31 日，计提本年应提法定盈余公积(10%)和法定公益金(5%)。

(20) 31 日，将利润分配各明细科目的余额转入“未分配利润”明细科目，结转本年利润。

2. 实训要求

(1) 根据 20××年 12 月发生的经济业务，编制记账凭证。

(2) 编制期末科目余额表，见表 8-7。

(3) 编制资产负债表，年初余额略，见表 8-8。

表 8-7

科目余额表

20××年 12 月 1 日

科目名称	借方余额	科目名称	贷方余额

表 8-8

资 产 负 债 表

编制单位：吉林省光大机械设备公司　　20××年 12 月 31 日　　单位：元

资　　产	行次	期末余额	年初余额(略)	负债和所有者权益(或股东权益)	行次	期末　额	年初余额(略)
流动资产：				流动负债：			
货币资金	1			短期借款	42		
交易性金融资产	2			交易性金融负债	43		
应收票据	5			应付票据	44		
应收账款	6			应付账款	45		
预付账款	7			预收账款	47		
应收利息	10			应付职工薪酬	48		
应收股利	11			应交税费	49		
其他应收款	12			应付利息	50		
应收补贴款	13			应付股利	51		
存货	16			其他应付款	52		
	17				53		
一年内到期的非流动资产	19			一年内到期的非流动负债	54		
其他流动资产	20			其他流动负债	55		
流动资产合计	21			流动负债合计	56		
非流动资产：				非流动负债：			
可供出售金融资产	22			长期借款	57		
持有至到期投资	23			应付债券	58		
长期股权投资	24			长期应付款	59		
投资性房地产	27			预计负债	60		
固定资产	28			递延所得税负债	61		
在建工程	29			其他非流动负债	62		
工程物资	30			非流动负债合计	63		
固定资产清理	31			负债合计	64		
生产性生物资产	32						
无形资产	33			所有者权益(股东权益)：			
开发支出	34			实收资本(或股本)	65		
商誉	35			资本公积	66		
长期待摊费用	37			盈余公积	67		
递延所得税资产	38			其中：法定公益金	68		
其他非流动资产	39			未分配利润	69		
非流动资产合计	40			所有者权益(股东权益)合计	70		
资产总计	41			负债和所有者(或股东)权益总计	71		

8.2 利润表编制

8.2.1 利润表编制概述

利润表是反映企业在一定会计期间的经营成果的会计报表。例如，反映某年度经营成果的利润表，它反映的就是该期间的情况。利润表的列报必须充分反映企业经营业绩的主要来源和构成，有助于使用者判断净利润的质量及其风险，有助于使用者预测净利润的持续性，从而做出正确的决策。

1. 利润表的列报格式

从结构上看，利润表包括表首和正表两部分。其中表首部分提供报表名称、报表编号、编制日期、编制单位及金额计量单位等资料。我国利润表采用多步式列报，反映形成经营的各个项目和计算过程。企业可以分如下 3 个步骤编制利润表：

第一步，以营业收入为基础，减去营业成本、营业税金及附加、销售费用、管理费用、财务费用、资产减值损失，加上公允价值变动收益(减去公允价值变动损失)和投资收益(减去投资损失)，计算出营业利润；

第二步，以营业利润为基础，加上营业外收入，减去营业外支出，计算出利润总额；

第三步，以利润总额为基础，减去所得税费用，计算出净利润(或净亏损)。

普通股或潜在普通股已公开交易的企业，以及正处于公开发行普通股或潜在普通股过程中的企业，还应当在利润表中列示每股收益信息。

2. 利润表的填列方法

利润表中“本期金额”栏各项目的列报方法列报依据：各损益类账户的本期发生额。①“营业收入”项目，是根据“主营业务收入”和“其他业务收入” 账户本期发生额合计填列；“营业成本”项目是根据“主营业务成本”和“其他业务成本”账户的本期发生额合计填列的。②“营业税金及附加”、“销售费用”、“管理费用”、“财务费用”、“资产减值损失”、“营业外收入”、“营业外支出”、“所得税费用”等项目，都是根据其相应账户的本期发生额分析填列的。③“公允价值变动收益”项目，是根据“公允价值变动损益”账户本期发生额填列的，由于年末公司持有的交易性金融资产公允价值增加，发生公允价值变动收益，所以以正数填列，如为公允价值变动损失，则应以“－”号填列；“投资收益”项目，是根据“投资收益”账户本期发生额填列的，如为投资损失，则本项目应以“－”号填列。④利润表中的 3 个利润指标，包括营业利润、利润总额和净利润，是按照前述计算公式与表中相关项目的金额计算的。

编制年度报表时，利润表中“上期金额”栏各个项目的列报方法根据上年该期利润表“本期金额”栏内所列数字填列。对于月度报表该项目为“本月金额”栏反映各项目本月实际发生数。

8.2.2 实训范例

仍以卫星股份有限公司为例，根据卫星股份有限公司 20××年 1～11 月利润表有关数据(见表 8-9)，编制该公司 20××年 12 月利润表(见表 8-10)。

表 8-9

利 润 表

编制单位：卫星股份有限公司　　20××年 11 月　　单位：元

项　目	行次	本月数(略)	本年累计数
一、营业收入	1		21 500 000.00
减：营业成本	4		9 400 000.00
营业税金及附加	5		1 500 000.00
销售费用	6		1 300 000.00
管理费用	7		1 540 000.00
财务费用	9		860 000.00
资产减值损失	10		0
加：公允价值变动损益(损失以“－”号填列)	11		0
投资收益(损失以“－”号填列)	12		1 200 000.00
其中：对联营企业和合营企业的投资收益			
二、营业利润(亏损以“－”号填列)	13		8 100 000.00
加：营业外收入	14		450 000.00
减：营业外支出	15		145 000.00
其中：非流动资产处置损失			0
三、利润总额(亏损以“－”号填列)	16		8 405 000.00
减：所得税费用	17		2 773 650.00
四、净利润(净亏损以“　”号填列)	18		5 631 350.00
五、每股收益	19		
(一)基本每股收益	20		
(二)稀释每股收益	21		

表 8-10

利 润 表

编制单位：卫星股份有限公司　　20××年 12 月　　单位：元

项　目	行次	上期金额(略)	本期金额
一、营业收入	1		25 450 000.00
减：营业成本	4		12 150 000.00
营业税金及附加	5		1 510 000.00
销售费用	6		1 500 000.00
管理费用	7		2 481 000.00
财务费用	9		3 030 000.00
资产减值损失	10		219 930.00
加：公允价值变动损益(损失以“－”号填列)	11		
投资收益(损失以“－”号填列)	12		1 250 000.00
其中：对联营企业和合营企业的投资收益			

(续表)

项　　目	行次	上期金额(略)	本期金额
二、营业利润(亏损以“－”号填列)	13		5 809 070.00
加：营业外收入	14		500 000.00
减：营业外支出	15		164 700.00
其中：非流动资产处置损失			
三、利润总额(亏损以“－”号填列)	16		6 144 370.00
减：所得税费用	17		2 773 650.00
四、净利润(净亏损以“－”号填列)	18		3 370 720.00
五、每股收益	19		
(一)基本每股收益	20		
(二)稀释每股收益	21		

8.2.3　实训资料及要求

依据 8.1.3 吉林省光大机械设备公司 20××年 12 月资料，编制 20××年 12 月利润表，见表 8-11。

表 8-11

利　润　表

编制单位：吉林省光大机械设备公司　　　　20××年 12 月　　　　单位：元

项　　目	行次	上期金额(略)	本期金额
一、营业收入	1		
减：营业成本	4		
营业税金及附加	5		
销售费用	6		
管理费用	7		
财务费用	9		
资产减值损失	10		
加：公允价值变动损益(损失以“－”号填列)	11		
投资收益(损失以“－”号填列)	12		
其中：对联营企业和合营企业的投资收益			
二、营业利润(亏损以“－”号填列)	13		
加：营业外收入	14		
减：营业外支出	15		
其中：非流动资产处置损失			
三、利润总额(亏损以“－”号填列)	16		
减：所得税费用	17		
四、净利润(净亏损以“－”号填列)	18		
五、每股收益	19		
(一)基本每股收益	20		
(二)稀释每股收益	21		

第 9 章 综合模拟实训

9.1 综合模拟实训目的及要求

9.1.1 实训目的

初级财务会计综合模拟实训的目的是培养学生的专业实践操作能力。进行综合模拟实训，能够使学生系统、全面地掌握企业会计核算的基本程序和方法，加强学生对会计基本理论的理解，将会计理论知识和会计实务工作有机地结合在一起。

初级财务会计综合模拟实训的内容包括从账簿建立、原始凭证的填制与审核、记账凭证的编制到总账和明细账的登记，从日常会计核算、成本计算、期末结账到会计报表的编制等一系列过程，是对学生对所学会计知识的掌握进行一次综合检验，培养学生的会计职业意识，提高其会计职业素质和基本业务处理能力。

9.1.2 实训要求

1. 对教师的要求

初级财务会计综合模拟实训是培养和提高学生专业技能的关键环节，教师要认真负责，每次实训都要做到有计划、有控制、有要求、有指导、有实训成绩、有实训讲评。

2. 对学生的要求

初级财务会计综合模拟实训的操作过程，必须符合会计规范化的要求，学生在进行会计模拟实训时，态度要端正，目的要明确，作风要踏实，操作要认真，以一名会计人员的身份参与实训。

9.1.3 实训步骤

实训的整个过程可分为实训准备阶段、实训操作阶段和总结阶段。

1. 实训准备阶段

(1) 实训指导教师应做实训动员，使学生明确实训目的、要求，以及证、账、表的操作标准。

(2) 学生需准备齐全实训所需的记账凭证、库存现金日记账、银行存款日记账、明细分类账(三栏式、多栏式、数量金额式明细分类账)、总分类账、科目汇总表、资产负债表、利润表；凭证封皮、笔、算盘、印签等用品用具。

2. 实训操作阶段

实训应在指导教师的具体指导下进行，学生应认真完成实训任务。实训的具体操作程序如下：

(1) 建账。根据模拟企业账户的期初余额及有关资料开设总分类账、明细分类账及日记账。

(2) 填制记账凭证。根据审核无误的原始凭证填制收款凭证、付款凭证和转账凭证。

(3) 登账。根据记账凭证及所附原始凭证逐笔顺序登记日记账、明细分类账和总分类账。

(4) 结账与对账。月终结出库存现金日记账、银行存款日记账、各种明细分类账及总分类账的发生额和余额，并将总分类账的余额与日记账的余额、明细账的余额核对相符。

(5) 编制会计报表。期末，根据总分类账和明细分类账的余额编制资产负债表，根据有关账户的发生额编制利润表。

(6) 对所填制的凭证、账簿、报表进行整理，并装订成册并归档。

3. 总结阶段

学生操作完毕后，指导教师和学生应对实训进行总结，包括：

(1) 学生撰写实训总结报告(实训的过程及收获)。

(2) 实训指导老师对整个实训进行总评。

(3) 实训指导老师评定学生实训成绩。

9.1.4 实训时间安排

集中实训两周(每周 5 天)，完成综合实训，具体安排见表 9-1。

表 9-1 综合模拟实训时间安排

时间	内容	要求
第一天	熟悉企业基本资料，根据科目余额表开设账簿	开设日记账、明细分类账、总分类账，注意选择账簿格式及类型
第二天	编制和审核原始凭证，填制记账凭证，完成 1～15 笔业务，并登记有关日记账、明细分类账	注意正确选择运用会计科目，正确运用借贷记账法
第三天	编制和审核原始凭证，填制记账凭证，完成 16～30 笔业务，并登记有关日记账、明细分类账	注意材料计价及核算方法的运用
第四天	编制和审核原始凭证，填制记账凭证，完成 31～45 笔业务，并登记有关日记账、明细分类账	注意销售业务中销售的确认
第五天	编制和审核原始凭证，填制记账凭证，完成 46～52 笔业务，并登记有关日记账、明细分类账	注意工资费用、折旧费用、制造费用分配，生产成本、销售成本结转
第六天	期末结转，完成 53～57 业务	年末损益结转
第七天	编制科目汇总表，登记总分类账	注意借贷平衡
第八天	结账、对账	作总分类账、明细分类账的月结、年结；明细分类账与总分类账核对
第九天	编制会计报表、撰写实训报告	编制资产负债表、利润表；实训报告 2 000 字以上
第十天	实训答辩，教师检查实训成果，评定综合成绩	就实训过程、内容及操作方法，教师与学生一对一答辩

9.1.5 实训考核

1. 出勤考核

指导教师每天对学生实训出勤进行考核，此部分占实训成绩的 15%，按学生的实际出勤情况进行成绩评定。

2. 会计模拟操作情况考核

此部分占实训总成绩的 30%，由指导教师不定时对学生的操作情况进行检查，再根据检查情况进行成绩评定。检查凭证、账簿、报表及附注、财务状况说明书的完成情况，根据完成情况由指导老师进行成绩评定。会计模拟操作情况的考核评定要点如下。

(1) 会计凭证、会计账簿、会计报表的操作是否独立完成并符合要求。

(2) 会计科目使用正确性。

(3) 会计数据计算准确性。

(4) 会计凭证、会计账簿中的摘要是否清楚。

3. 实训报告考核

学生在实训结束时要完成不少于 2 000 字的实训报告，此部分占实训成绩的 15%，按实训报告模板及要求，由教师通过批阅、评定。

4. 实训答辩考核

答辩考核占实训成绩的 40%，通过实训答辩对学生的实训综合情况进行考核，教师对实训内容、程序、操作方法等，向学生提出问题，学生解答，考查学生对实训业务操作的理解和掌握情况，培养其分析问题和解决问题的能力。

9.2 综合模拟实训资料及要求

9.2.1 模拟企业基本情况及资料

(一) 实训企业的基本情况

1．企业名称：万隆股份有限公司

2．地址：吉林省长春市正阳路 108 号

3．电话：0431—5963652

4．企业纳税人登记号：220121638978552

5．开户行及账号：中国工商银行正阳支行，2206065305—29

6．企业的注册资金及股本构成

注册资金 1000 万元人民币。其中恒通公司以人民币出资 510 万元，占股份的 51%；德顺公司以固定资产出资 280 万元，占股份的 28%；由自然人孙海奇以无形资产出资 130 万元，占股份的 13%；由自然人李臣以人民币出资 80 万，占股份的 8%。

7．公司设置的主要机构、岗位及人员分工公司设置的主要机构、岗位及人员分工见表 9-2。

表 9-2 企业职能部门设置及负责人

部　门	岗　位	姓　名
厂部	法人代表	袁伟
设备部	设备部主管	邢凯
销售部	销售部主管	王伟
供应部	供应部主管	李明辉
	材料验收员	李艳
	企业保管员	王力
生产车间	生产车间主管	黄军
	车间领料员	张一阔
财务会计部	财务部主管	郝敏
	会计	陈娜
	审核	常磊
	出纳	吕燕
	明细账记账	方倩
	总账记账	李玉云

(二) 实训企业的企业内部会计制度

1. 会计工作组织机构及账务处理程序

企业会计工作组织形式采用集中核算形式，记账方法采用借贷记账法，账务处理采用科目汇总表核算程序。

2. 会计核算方法

(1) 存货核算方法

原材料、库存商品、周转材料的收发结存采用实际成本计价，按全月一次加权平均法核算。

(2) 坏账损失核算方法

坏账损失采用备抵法，年末按应收账款余额的 5‰比例提取。

(3) 税金的核算方法

本企业为增值税一般纳税人，税率为 17%。全部材料、库存商品的采购及销售均为不含税价格。营业税率为 5%，城市维护建设税按流转税额的 7%计算缴纳；教育附加按流转税额的 3%计算缴纳。企业所得税的会计处理采用“应付税款法”核算，税率为 25%。

(4) 固定资产核算

固定资产折旧采用平均年限法计提。其中：房屋建筑物类折旧年限为 25 年、机器设备折旧年限为 10 年。

(5) 费用及产品生产成本核算方法

企业成本核算采用一级成本核算体制；一个基本生产车间，生产风机—100X、风机—200X 两种产品，外购水费直接按各受益单位数量比例分配。车间生产工人工资按产品生产工时比例在产品间进行分配。养老保险个人部分按应付职工薪酬的 8%计提。

(6) 结转成本

产成品月末一次结转成本。

(7) 利润及利润分配的核算方法

年末按利润净额的 10%提取法定盈余公积，然后按投资比例进行分配。

3. 会计科目名称及编号参见教科书

9.2.2 实训要求

(1) 了解和掌握实训企业的概况、会计政策及该企业采用的内部会计核算方法。

(2) 根据本书提供的实训企业的会计资料，开设总分类账户、明细分类账户、库存现金日记账和银行存款日记账。

(3) 根据所提供的经济业务，练习填写原始凭证，了解和掌握各种原始凭证的格式、记载内容及填写方法。

(4) 根据提供的企业发生的经济业务及原始凭证资料，填制记账凭证。并将所依据的原始凭证附于填制的记账凭证之后，掌握经济业务的会计处理方法和记账凭证的填制方法。

(5) 根据记账凭证登记库存现金日记账和银行存款日记账及相关的明细分类账。

(6) 编制科目汇总表。

(7) 编制资产负债表、利润表。

(8) 撰写实训报告。

9.2.3 实训资料

1. 企业期初财务会计资料

万隆股份有限公司 2011 年 11 月 30 日的总分类账及明细分类账余额见表 9-3，2011 年 11 月利润表见表 9-4。根据 2011 年 11 月 30 日的总分类账及明细分类账余额开设总分类账、日记账及明细分类账。

表 9-3 **总分类账及明细分类账余额**

2011 年 11 月 30 日

编号	总账科目	明细科目	借方金额	贷方金额	编号	总账科目	明细科目	借方金额	贷方金额
1001	库存现金		364.00		2202	应付账款	四方实业		60 840.00
1002	银行存款		11 912 131.00		2211	应付职工薪酬			24 640.00
1012	其他货币资金	外埠存款	132 158.00				福利费		3 640.00
1122	应收账款	新亚公司	300 000.00				社会保险费		21 000.00
1123	预付账款	阳光材料厂	5 000.00		2221	应交税费			38 310.00
1211	其他应收款	李江	3 000.00				未交增值税		34 827.27
1403	原材料		910 000.00				城市维护建设税		2 437.91
		钢板 6 000 千克	360 000.00				教育费附加		1 044.82
		圆钢 10 000 千克	550 000.00			负债类合计			123 790.00

(续表)

编号	总账科目	明细科目	借方金额	贷方金额	编号	总账科目	明细科目	借方金额	贷方金额
1411	周转材料		154 582.00		4001	实收资本			10 000 000.00
		包装物木箱5 000只	150 000.00				恒通公司		5 100 000.00
		低值易耗品打印机1台	232.00				德顺公司		2 800 000.00
		手套50副	150.00				孙海奇		1 300 000.00
		工作服30套	3 300.00				李臣		800 000.00
		劳保鞋10双	900.00		4002	资本公积			400 000.00
1405	库存商品		13 680.00		4103	本年利润			6 000 000.00
		风机-100X 50件	7 296.00			所有者权益合计			16 400 000.00
		风机-200X 50件	6 384.00						
1601	固定资产		3 308 750.00						
		房屋	2 800 000.00						
		机械设备	508 750.00						
1602	累计折旧		−330 875.00						
		房屋	−280 000.00						
		机械设备	−50 875.00						
1701	无形资产	专利	160 000.00						
	资产类合计		16 523 790.00			负债及所有者权益合计			16 523 790.00

表 9-4

利 润 表

20××年 11 月

项 目	本 月 数	1～11 月累计数
一、主营业务收入		13 735 540.00
减：主营业务成本		4 623 328.00
主营税金及附加		34 857.00
销售费用		100 000.00
管理费用		987 535.00
财务费用		280.00
资产减值损失		15 000.00
加：公允价值变动收益		50 000.00
投资收益		
二、营业利润		8 024 540.00
加：营业外收入		10 000.00
减：营业外支出		34 540.00

(续表)

项　　目	本　月　数	1～11月累计数
三、利润总额		8 000 000.00
减：所得税费用		2 000 000.00
四、净利润		6 000 000.00

2. 经济业务

万隆股份有限公司2011年12月发生如下经济业务：

(1) 12月1日，填制现金支票，提取现金10 000.00元备用。原始凭证见凭证9-1。

凭证9-1

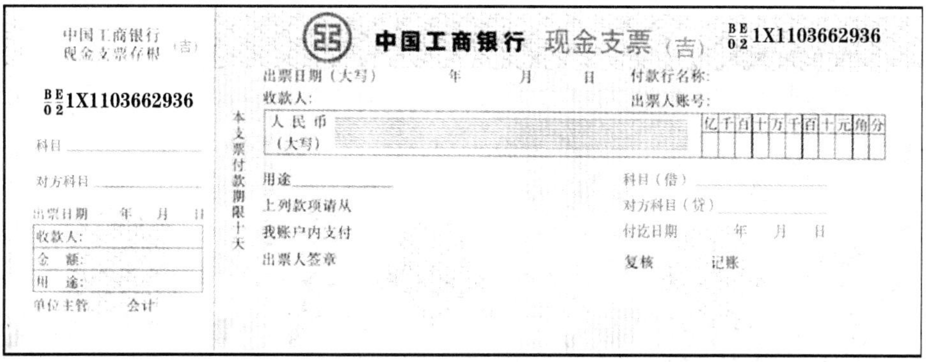

中国工商银行
现金支票存根（吉）
BE 02 1X1103662936
科目
对方科目
出票日期　年　月　日
收款人：
金　额：
用　途：
单位主管　会计

中国工商银行　现金支票（吉）　BE 02 1X1103662936
本支票付款期限十天
出票日期（大写）　年　月　日　付款行名称：
收款人：　出票人账号：
人民币（大写）　亿 千 百 十 万 千 百 十 元 角 分
用途　科目（借）
上列款项请从　对方科目（贷）
我账户内支付　付讫日期　年　月　日
出票人签章　复核　记账

(2) 12月1日，王伟报销招待费332.00元，现金支付。原始凭证见凭证9-2。

凭证9-2

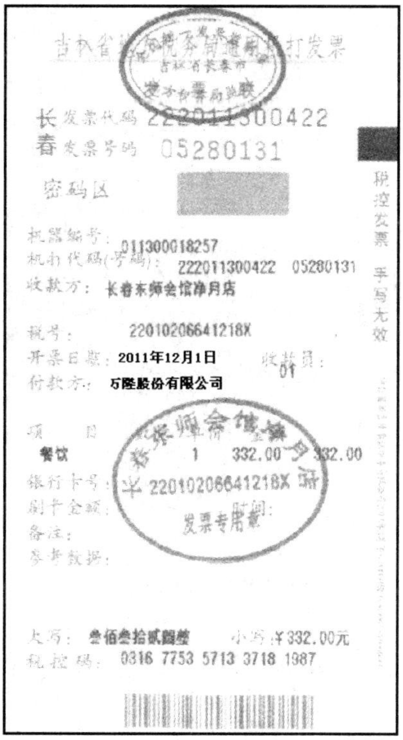

吉林省地方税务局通用机打发票
长春
发票代码 222011300422
发票号码 05280131
密码区
机器编号：011300018257
机打代码(号码)：222011300422 05280131
收款方：长春东师会馆净月店
税号：22010206641218X
开票日期：2011年12月1日　收款员：01
付款方：万隆股份有限公司
项目
餐饮　1　332.00　332.00
银行卡号：
刷卡金额：　时间：
备注：
参考数据：
大写：叁佰叁拾贰圆整　小写：¥332.00元
税控码：0316 7753 5713 3718 1987
税控发票 手写无效

(3) 12 月 2 日，办公室用现金购买计算器一个，直接领用。原始凭证见凭证 9-3。

凭证 9-3

吉林省商业零售统一发票　　2186579

长春

购货单位：万隆股份有限公司　　2011 年 12 月 2 日

商品名称	单位	规格	数量	单价	金额 百	十	元	角	分	完税证号码
计算器	个		1	100.00	1	0	0	0	0	
										备注
人民币（大写）	壹佰零拾零元零角零分									¥：100.00

开票人：王小红　　收款人：李兵　　销售单位（未盖章无效）

吉林省长春市清华专卖店 发票专用章

第二联 发票

(4) 12 月 2 日，设备部主管邢凯预借差旅费 2 000.00 元，借款现金支付(去郑州 6 天)。原始凭证见凭证 9-4。

凭证 9-4

借　款　单(记账)

2011 年 12 月 2 日　　顺序第　　号

借款单位	设备部	姓名	邢凯	级别	处级	出差地点	郑州
						天　数	6 天
事由	预借差旅费		借款金额(大写)	贰仟元整　　¥2000.00 元			
部门负责人签署	同意　邢凯		借款人签章	邢凯	注意事项		
单位领导或授权人批示	同意　袁伟		审核意见	同意　郝敏			

第三联 借款记账凭证

(5) 12 月 3 日，车间领用钢板 1 500 千克，圆钢 1 800 千克，用于生产风机-200X。原始凭证见凭证 9-5。

凭证 9-5

领　料　单

领用部门：

编号：　　　　年　　月　　日

编号	类别	名称	规格	单位	数量 请领	数量 实发	金额 单价	金额 金额
合计								
用途								

发料人：　　记账：　　领料部门负责人：　　领料人：

第三联 交会计

(6) 12 月 4 日，车间领用手套 25 副，领用工作服 25 套。原始凭证见凭证 9-6。

凭证 9-6

周转材料领料单

领用部门：　　　　　　　　年　　月　　日　　　　　　　编号：

编号	类别	名称	规格	单位	数量		金额	
					请领	实发	单价	金额
合　计								
用途								

第三联　交会计

发料人：　　　　记账：　　　　领料部门负责人：　　　　领料人：

(7) 12 月 5 日，从长春市运输公司购入生产用货车一台，原价 88 000.00 元，经双方协议，评估价为 50 000.00 元，增值税 8 500.00 元，以转账支票支付，货车已交付使用。原始凭证见凭证 9-7～凭证 9-9。

凭证 9-7

中国工商银行
转账支票存根（吉）

BE/02 LXII03663915

科目

对方科目

出票日期 2011 年 12 月 5 日

收款人：市运输公司

金　额：58,500.00

用　途：购买汽车

单位主管 郝敏　会计 陈娜

凭证 9-8

吉林省增值税专用发票　№865323

发票联

开票日期：2011年 12 月 05日

购货单位　名　称：万隆股份有限公司
纳税人识别号：220121638978552
地址、电话：正阳路108号　5963652
开户行及账号：工行正阳支行　2206065305-29

密码区　42/-3947/->69*<818<35
7>/0/433>2*3-0+672>7*
1+-<<51+41+>*>58*8990
8880000<42+*31/58>>76

加密版本：01
2200041170
00495511

货物或应税劳务名称	规格型号	单位	数量	单价	金额	税率	税额
货车	Ca141	台	1	50，000.00	50，000.00	17%	8，500.00
合　计					￥50，000.00		￥8，500.00
价税合计（大写）	⊗伍万捌仟伍佰元整						￥58，500.00

销货单位　名　称：长春市运输公司
纳税人识别号：220105374585637
地址、电话：皓月大街540号
开户行及账号：工行正阳支行　22003749-03

备注

收款人：　　复核：王英　　开票人：黎华　　销货单位（章）

发票专用章

国税函（2011）500 号北京印钞厂

第三联：发票联　购货方记账凭证

凭证 9-9

固定资产入账(出账)通知单

被通知单位：　　　　　　　　　　　　　　　年　　月　　日　　　　　　　　　　编号

类别	资产编号	固定资产名称	规格型号	建造单位			数量	原值	折旧额		使用年限	收回残值	累计已提折旧	净值	所在地	入账(出账)原因
				名称	日期	编号			应计折旧总额	月折旧额						

通知单位：　　　　　　　　　　　　　　　　经办人：

(8) 12 月 5 日，以现金 400.00 元，支付厂部管理人员黄平困难补助。原始凭证见凭证 9-10。

凭证 9-10

职工生活困难补助领款表

2011 年 12 月 5 日

申请人姓名	黄平		补助原因	儿子住院	
住址	解放街 1 号		工会小组意见	同意补助 400 元	签名：刘军
供养直系亲属	称呼	简明情况	工会分会意见	同意補助 400 元	签名：李祥
黄小伟	儿子	生病住院	厂工会审批	同意补助 400 元	签名：刘雪花
现金付讫			2011 年 12 月 5 日		领款人：黄平

(9) 12 月 6 日，与华光公司签订产品销售合同，预订风机-100X 产品 1 500 件，不含税单价 200.00 元，风机-200X 产品 2 000 件，不含税单价 150.00 元。华光公司预付款的 50% 为 300 000.00 元，其余款项待产品收到后补付。预收款项已存入银行。原始凭证见凭证 9-11。

凭证 9-11

中国工商银行 进账单（收账通知）

№ 1166301

2011 年 12 月 6 日

出票人	全　称	华光公司	收款人	全　称	万隆股份有限公司
	账　号	623526232		账　号	2206065305-29
	开户银行	工商银行明德支行		开户银行	工行正阳支行
人民币（大写）	叁拾万元整			千百十万千百十元角分	¥30000000
票据种类			中国工商银行 正阳支行 2011.12.06 转讫		
票据张数					
单位主管　会计　复核　记账			收款人开户盖章		

此联是收款人开户银行交给收款人的进账通知

(10) 12 月 6 日，向关华材料厂购入一批材料，其中：钢板 5 000 千克，买价 330 000.00 元，增值税 56 100.00 元；圆钢 1 000 千克，买价 60 000.00 元，增值税 10 200.00 元；涂料 200 千克，买价 6 000.00 元，增值税 1 020.00 元。同时发生运费 2 560.00 元，开出转账支票，支付货款和运费。材料尚未到达。原始凭证见凭证 9-12～凭证 9-14。

凭证 9-12

中国工商银行
转账支票存根 (吉)

BE/02 LXII03663917

科目 ______

对方科目 ______

出票日期 2011 年 12 月 6 日

收款人:	市关华材料厂
金　额:	465,880.00
用　途:	购买材料

单位主管 郝敏 会计 慰娜

凭证 9-13

吉林省增值税专用发票　№865397

发票联

开票日期：2011年 12 月 06日

购货单位	名　称：万隆股份有限公司 纳税人识别号：220121638978552 地址、电话：正阳路108号　5963652 开户行及账号：工行正阳支行　2206065305-29	密码区	42/-3947/->69*<818<35 7>/0/433>2*3-0+672>7* 1+-<<51+41+>*>58*8990 8880000<42+*31/58>>76	加密版本：01 2200041170 00495511

货物或应税劳务名称	规格型号	单位	数量	单价	金额	税率	税额
钢板		公斤	5000	66.00	330，000.00	17%	56，100.00
园钢		公斤	1000	60.00	60，000.00	17%	10，200.00
涂料		公斤	200	30.00	6，000.00	17%	1，020.00
合　计					￥396，000.00		￥67，320.00
价税合计（大写）	⊗肆拾陆万叁仟叁佰贰拾元整				￥463，320.00		

销货单位	名　称：关华材料厂 纳税人识别号：123526523568563 地址、电话：皓月大街3256号 开户行及账号：工行正阳支行　2780627805-69	备注	

收款人:　　复核：王军　　开票人：张晓华　　销货单位　（章）

国税函（2011）500 号北京印钞厂

第三联：发票联　购货方记账凭证

凭证 9-14

货物托运专用发票

托运单位：万隆股份有限公司　　　　2011年　12月　06日

货物名称	件数	重量	包装	代垫费用									托运费用						
材料		6200kg		项目	万	千	百	十	元	角	分	项目	万	千	百	十	元	角	分
				铁路		2	3	0	0	0	0	服务费							
				公路								仓储保管费							
				空运								包装费							
				水运								搬到理货费							
												倒运手续费							
				保险费			2	6	0	0	0								
				合计	¥	2	5	6	0	0	0	合计							
总计大写	贰仟伍佰陆拾元整																		

(11) 12 月 8 日，企业 12 月 6 日购买的材料已全部验收入库。原始凭证见凭证 9-15。

凭证 9-15

材料验收入库单

供应单位：

发票号：　　　　　　　　　　年　　月　　日　　　　　　　　　　字第　　号

材料类别	材料名称	规格材质	计量单位	数量	实收数量	单价	金额
检验结果		检验员签章：		运杂费			
				合　计			
备注：							

第三联　材料会计

仓库主管：　　　　材料会计：　　　　收料员：　　　　经办人：　　　　制单：

(12) 12 月 9 日，车间领用钢板 3 000 千克，用于生产风机-200X；领用圆钢 3 500 千克，用于生产风机-100X。原始凭证见凭证 9-16。

凭证 9-16

领 料 单

领用部门：

编号：　　　　　　　　　　年　　月　　日

编号	类别	名称	规格	单位	数量		金额	
					请领	实发	单价	金额
合　计								
用途								

第三联　交会计

发料人：　　　　记账：　　　　领料部门负责人：　　　　领料人：

(13) 12月9日，收到从沈阳购买的C设备1台，生产用、需安装，取得的增值税专用发票上注明设备买价为60 000.00元，增值税税额为10 200.00元，支付的运输费为1 500.00元。办理电汇付款，原始凭证见凭证9-17～凭证9-19。

凭证9-17

辽宁省增值税专用发票　　№357912

发票联

开票日期：2011年 12 月 09日

购货单位	名　　称：万隆股份有限公司 纳税人识别号：220121638978552 地址、电话：正阳路108号　5963652 开户行及账号：工行正阳支行　2206065305-29	密码区	42/-3947/->69*<818<35 7>/0/433>2*3-0+672>7* 1+-<<51+41+>*>58*8990 8880000<42+*31/58>>76	加密版本：01 2200041170 00495511

货物或应税劳务名称	规格型号	单位	数量	单价	金额	税率	税额
设备C		台	1	60,000.00	60,000.00	17%	10,200.00
合　计					¥60,000.00		¥10,200.00
价税合计（大写）	⊗柒万零贰佰元整				¥70,200.00		

销货单位	名　　称：沈阳市机械制造有限公司 纳税人识别号：563209092245 地址、电话：和平里区95号 开户行及账号：工行江沿支行　75481254	备注	

收款人：　　复核：李英　　开票人：刘磊　　销货单位（章）

国税函（2011）500号北京印钞厂

第三联：发票联　购货方记账凭证

凭证9-18

货物托运专用发票

托运单位：万隆股份有限公司　　2011年 12月 09日

货物名称	件数	重量	包装	代垫费用项目	万	千	百	十	元	角	分	托运费用项目	万	千	百	十	元	角	分
设备C		1200kg		铁路		1	5	0	0	0	0	服务费							
				公路								仓储保管费							
				空运								包装费							
				水运								搬到理货费							
												到运手续费							
				保险费															
				合计	¥	1	5	0	0	0	0	合计							
总计大写	壹仟伍佰元整																		

凭证9-19

中国工商银行 INDUSTRIAL AND COMMERCIAL BANK OF CHINA

电　汇　凭　证

币别：　　年　月　日　　流水号：

汇款方式	□普通		□加急
全　称		全　称	
账　号		账　号	
汇出行名称		汇入行名称	
			亿 千 百 十 万 千 百 十 元 角 分
备注：		支付密码	
		附加信息及用途：	
		客户签章	

会计主管　　授权　　复合　　录入

第二联　客户回单

(14) 12 月 10 日缴纳上月增值税 34 827.27 元，税款已由银行划转。缴纳上月城市维护建设税 2 437.91 元，教育费附加 1 044.82 元，以现金支付。原始凭证见凭证 9-20～凭证 9-21。

凭证 9-20

中华人民共和国
税收通用缴款书

国

隶属关系
注册类型

填发日期：2011年 12月 10日　　　　№ 0061049　　税收机关 国税正阳分局

缴款单位（人）	代码	2204562865	预算科目	编码	增值税
	全称	万隆股份有限公司		名称	
	开户银行	工行正阳支行		级次	中央预算
	账号	2206065305-29	收款国库		工行高新支行
税款所属时期： 年 月 日			税款限缴日期 年 月 日		

品目名称	课税数量	计税金额或销售收入	税率或单位税额	已缴或扣除额	实缴金额
增值税		34 827.27			34 827.27
金额合计	（大写）	叁万肆仟捌佰贰拾柒元贰角柒分			¥34 827.27
缴款单位（人）（盖章） 经办人（章）	税务机关（盖章） 填票人（章）	上列款项已收妥并划转收款单位账户 国库（银行）盖章 年 月 日			备注

第一联（收据）国库（银行）收款盖章后退缴款单位（人）作完税凭证

印章：万隆股份有限公司 财务专用章；吉林省国税局正阳分局 征税专用章；中国工商银行 正阳支行 2011.12.10 转讫

凭证 9-21

中华人民共和国
税收通用完税证

地

(2010) 吉地完电 4001302

注册类型：　　填发日期： 2011 年 12 月 10 日　　征收机关：正阳分局

纳税人代码	2204562865		地址			
纳税人名称	万隆股份有限公司		税款所属时期	2011 年 12月 10日 至 2011 年 12月 10日		
税种	品目名称	课税数量	计税金额或销售收入	税率或单位税额	已缴或扣除额	实缴金额
城市维护建设税 教育费附加			34827.29 34827.33	7% 3%		2，437.91 1，044.82
金额合计（大写）	人民币叁仟肆佰捌拾贰元柒角叁分					¥3，482.73
税务机关（盖章）	委托代征单位（盖章）	填票人（章）		备注	正阳分局 22069 100801 10010010534347961	

吉林省金龙实业有限公司 2010年8月份印制 50万份

第三联（报查）定期上报县级税务机关备查

印章：吉林省地方税务局 征税专用章

(15) 12 月 10 日，采购员李江报销差旅费 3 310.00 元。出差地点为沈阳，单程路费 45.00 元，往返路费 90.00 元。住宿费每天 240.00 元，出差 10 天，住宿费共计 2 400.00 元。伙食补助费每天 80.00 元，共计 800.00 元。治安费 20.00 元。原始凭证见凭证 9-22～凭证 9-25。

凭证 9-22

差旅费报销单

2011 年 12 月 10 日

出差人	李江	共 1 人	职 务	采购员	部 门	供应科	审批人	
出差事由	采购物资				出差日期	自2011年11月30日		
到达地点	沈阳					至2011年12月9日 共10天		
	交通工具				其 他	旅馆费	伙食补助	
	火 车	汽 车	轮 船	飞 机		住宿 10 天	在途 天	住勤 天
	90.00				20.00	2,400.00		800.00
总计人民币（大写）								
原借款金额		报销金额			交结余或超支金额 310.00			
3,000.00		3,310.00			人民币（大写） 叁仟叁佰壹拾元整			

会计主管人员：郝敏　　记账：方清　　审核：常磊　　附单据：

凭证 9-23

往来车票(1)

S064766 长春站售
长 春 T1048次 沈 阳
Changchun Shenyang
2011年11月30日10:20开 06车012号
￥45.00元 新空调硬座
限乘当日当次车 在3日内到有效
36428000040129 S064766

凭证 9-24

往来车票(2)

S074768 沈阳站售
沈 阳 T1049次 长 春
Shenyang Changchun
2011年12月09日 7:20开 07车022号
￥45.00元 新空调硬座
限乘当日当次车 在3日内到有效
36428000040129 S064766

凭证 9-25

辽宁省沈阳市旅店业专用发票

发票联

地税

发票代码：233051370513
发票号码：009623

开票日期：2011 年 12 月 9 日

付款户名	李江				付款方式	
摘要	住宿时间			人数	单价	金额（万 千 百 十 元 角 分）
	到店	离店	天数			
住宿	11.30	12.9	10		240	2 4 0 0 0 0
治安费						2 0 0 0
合计人民币（大写）	⊗拾⊗万贰仟肆佰贰拾零元零角零分					¥2420.00

第二联：发票联

开票人：　　收款人：王刚　　收款单位盖章

（印章：沈阳市诺亚方舟假日酒店 发票专用章）

(16) 12 月 10 日，收到付款通知，支付电费 19 180.00 元，其中：车间生产电费 18 630.00 元，厂部电费 550.00 元。原始凭证见凭证 9-26 和凭证 9-27。

凭证 9-26

委邮

委托收款凭证（付款通知）　1　委托号码：32926

委托日期　2011 年　12 月　10 日

付款人	全称	万隆股份有限公司	收款人	全称	市电业局
	账号	2206065305-29		账号	22032154236
	开户银行	工行正阳支行		开户银行	商行五站支行　行号
委收金额	人民币（大写）壹万玖仟壹佰捌拾元整			千百十万千百十元角分	¥ 1 9 1 8 0 0 0
款项内容	电费	委托收款凭据		附寄单证张数	
备注：		款项收妥日期　年　月　日		收款人开户银行盖章　月　日	

此联是收款人开户银行给收款人的回单

（印章：中国工商银行 正阳支行 2011.12.10 转讫）

凭证 9-27

吉林省客户电费统一发票

NO 995235　2011 1/2　2011年12月9日　走收　托收号：32601

客户代码：　用电类别：　户名：万隆股份有限公司
运行容量：　倍　率：　地址：正阳路108号
本月表示数：　峰　谷　总　无功

	峰电量（kWh）	谷电量（kWh）	平电量（kWh）	峰电费（元）	谷电费（元）	平电费（元）	电量电费
动力							19180.00
商业							
非居民照明							
合计							19180.00

基本电费：　三峡基金：　附加费：　合计电费：
金额（大写）　壹万玖仟壹佰捌拾零元零角零分　¥19180.00
打印日期：2011年12月09日　收费单位：市电业局　收费员：姜娜

发票联（此发票无电费发票专用章及收费员章无效）

（印章：吉林省长春市电力公司 发票专用章）

(17) 12 月 10 日，收到付款通知，支付水费 6 499.00 元，其中：车间水费 5 999.00 元，厂部水费 500.00 元。原始凭证见凭证 9-28 和凭证 9-29。

凭证 9-28

委邮　　委托收款凭证（付款通知）　1　委托号码：32927

委托日期　2011 年　12 月　10 日

付款人	全　称	万隆股份有限公司	收款人	全　称	长春市自来水公司	
	账　号	2206065305-29		账　号	22032652352	
	开户银行	工行正阳支行		开户银行	商行站前支行	行号
委收金额	人民币（大写）　陆仟肆佰玖拾玖元整				千 百 十 万 千 百 十 元 角 分	¥ 6 4 9 9 0 0
款项内容	水费	委托收款凭据			附寄单证张数	
备注：		款项收妥日期　年　月　日			收款人开户银行盖章　月　日	

此联是收款人开户银行给收款人的回单

（印章：中国工商银行 ……支行 2011.12.10 转讫）

凭证 9-29

吉林省客户水费统一发票

2011 $\frac{1}{2}$　　2011 年 12 月 9 日　　发票日期

受理号	20351						
地址	正阳路108号						
交款单位：（姓名）　万隆股份有限公司							
水表上月指针							
种类	单价（元）	使用量（m³）	水费金额（元）	污处费（元）	城松建设费	合计金额	万 千 百 十 元 角 分
	4.50	1430	6453.00	64.00			¥ 6 4 9 9 0 0
人民币（大写）	陆仟肆佰玖拾玖元整						

（印章：吉林省长春市自来水公司 发票专用章）

(18) 12 月 11 日，收到阳光材料厂发来的涂料 200 千克，每千克价格为 38.00 元，价款为 7 600.00 元，进项税额为 1 292.00 元，款项上月已预付 5 000.00 元。开出转账支票补付 3 892.00 元，材料已验收入库。原始凭证见凭证 9-30～凭证 9-32。

凭证 9-30

中国工商银行
转账支票存根（吉）

$\frac{BE}{02}$ LXII03663918

科目 ________

对方科目 ________

出票日期 2011 年 12 月 11 日

收款人：	阳光材料厂
金　额：	3,892.00
用　途：	付材料款

单位主管 郝数 会计 赵娜

凭证 9-31

吉林省增值税专用发票　№357912

发 票 联

开票日期：2011年 12 月 11日

购货单位	名　　称：万隆股份有限公司 纳税人识别号：220121638978552 地址、电话：正阳路108号　5963652 开户行及账号：工行正阳支行　2206065305-29	密码区	42/-3947/->69*<818<35 7>/0/433>2*3-0+672>7* 1+-<<51+41+>*>58*8990 8880000<42+*31/58>>76	加密版本：01 2200041170 00495511

货物或应税劳务名称	规格型号	单位	数 量	单 价	金 额	税率	税 额
涂料		公斤	200	38.00	7，600.00	17%	1，292.00
合　　计					¥7，600.00		¥1，292.00
价税合计（大写）	⊗捌仟捌佰玖拾贰元整						¥8，892.00

销货单位	名　　称：阳光材料厂 纳税人识别号：563209092245 地址、电话：和南区95号 开户行及账号：工行江南支行　2780627805-26	备注	

收款人：　　复核：李芳　　开票人：王宏　　销货单位（章）

国税函（2011）500号北京印钞厂

第三联：发票联 购货方记账凭证

凭证 9-32

材料验收入库单

供应单位：

发票号：　　　　年　　月　　日　　　　字第　　号

材料类别	材料名称	规格材质	计量单位	数量	实收数量	单价	金额
检验结果		检验员签章：		运杂费			
				合　计			
备注：							

第三联 材料会计

仓库主管：　　材料会计：　　收料员：　　经办人：　　制单：

(19) 12 月 11 日，车间生产领用涂料 390 千克。原始凭证见凭证 9-33。

凭证 9-33

领 料 单

领用部门：

编号：　　　　年　月　日

编号	类别	名称	规格	单位	数量		金额	
					请领	实发	单价	金额
合　计								
用途								

第三联 交会计

发料人：　　记账：　　领料部门负责人：　　领料人：

(20) 12 月 11 日，接受新华公司捐赠的一项铁木真商标使用权，经评估确定价值为 50 000.00 元，使用期限 5 年。已收到有关凭据。原始凭证见凭证 9-34。

凭证 9-34

无形资产入账(出账)通知单

被通知单位：　　　　　　　　　　　　　　年　　月　　日　　　　　　　　　编号：

类别	资产编号	商品名称	数量	原值	摊销额		使用年限	累计已摊销额	入账(出账)原因
					年摊销总额	月摊销额			

通知单位：　　　　　　　　　　　　　　　经办人：

(21) 12 月 12 日，车间生产风机-100X 产品领用木箱 2 000 只，生产风机-200X 产品领用木箱 3 000 只。原始凭证见凭证 9-35。

凭证 9-35

周转材料领料单

领用部门：

编号：　　　　　　　　　　　　　　　年　　月　　日

编号	类别	名称	规格	单位	数量		金额	
					请领	实发	单价	金额
	合　计							
用途								

第三联　交会计

发料人：　　　　　　记账：　　　　　　领料部门负责人：　　　　　　领料人：

(22) 12 月 13 日，邢凯报销差旅费 1 956.00 元，预借款 2 000.00 元，交回现金 44.00 元。具体情况如下：出差地点为郑州，往返火车交通费 526.00 元；住宿费每天 200.00 元，出差 4 天，共计 800.00 元；城建费 10.00 元；伙食补助费每天 120.00 元，共计 480.00 元；其他费用(电话费)100.00 元；出租车费 40.00 元。原始凭证见凭证 9-36～凭证 9-42。

凭证 9-36

往来车票(1)

凭证 9-37

往来车票(2)

S0647667　　郑州 售

郑　州　T26 次　长　春

Zhengzhou　→　Changchun

2011年12月12日17:20开　06车019号下铺

￥263.00元　新空调硬座

限乘当日当次车　在3日内到有效

36428000040129　S064766

凭证 9-38

河南省郑州市旅店业专用发票　地税

发票联

发票代码：233051370513

发票号码：0097651

开票日期：2011年12月11日

付款户名	邢凯				付款方式							
摘要	住宿时间			人数	单价	金额						
	到店	离店	天数			万	千	百	十	元	角	分
住宿	12.08	12.11	4		200			8	0	0	0	0
城建费									1	0	0	0
合计人民币(大写)	⊗拾⊗万⊗仟捌佰壹拾零元					￥810.00						

第二联：发票联

开票人：　　收款人：史志强　　收款单位盖章

（印章：郑州市中江富丽豪大酒店 发票专用章）

凭证 9-39

郑州市出租汽车专用发票

（印章：全国统一发票监制章 TAXI 河南省郑州市地方税务局监制）

发票联

发票代码 22010402033

票号 01 26390220

手写无效

车号	A-56322
工号	00058
日期	2011-12-11
上车	18:10
下车	19:05
单价	1.80
里程	20.5
等候	00:07.59
金额	40.00

（印章：郑州市客运出租汽车 发票专用章）

凭证 9-40

河南省移动通信公司定额发票

发票联

豫地税（2011）A　　No 11114106

人民币　壹佰圆

¥100.00

收款单位（章）：　　年　月　日

售充值卡、交费卡专用

（印章：河南省移动通信有限公司 2011.12.10 现金收讫）

凭证 9-41

差旅费报销单

年　月　日

出差人		共　人	职　务		部　门		审批人	
出差事由					出　差 日　期			
到达地点								
	交通工具				其　他	旅馆费	伙食补助	
	火　车	汽　车	轮　船	飞　机		住宿　天	在途　天	住勤　天
总计人民币（大写）								
原借款金额		报销金额		交结余或超支金额				
				人民币（大写）				

会计主管人员：　　记账：　　审核：　　附单据：

凭证 9-42

收　　据

年　月　日

人民币（大写）　　¥

上款系：

收款单位：万隆股份有限公司

（印章：万隆股份有限公司 财务专用章）

负责人：　　会计主管：　　经手人：

(23) 12 月 13 日，仓库收到车间完工产品风机-100X 产品 2 000 件。原始凭证见凭证 9-43。

凭证 9-43

库存商品入库单

年　月　日　　编号：

编号	名称	规格	数量	单价	金额	备注
合　计						

主管：　　记账：　　验收：　　缴库部门主管：　　缴库：

(24) 12 月 14 日，开出转账支票，支付完美安装公司设备 C 的安装费 1 000.00 元，设备安装完毕交付使用。原始凭证见凭证 9-44～凭证 9-46。

凭证 9-44

固定资产交付使用单

2011 年 12 月 14 日

名称及编号	单位	数量	价款	增值税	运杂费	安装费	合计
设备C	台	1	60000.00	1020.00	1500.00	1000.00	72700.00
产地	销售单位		出厂时间	使用年限	清理费		
沈阳			2010	10			
预计残值		使用部门		管理部门		备注	
				厂设备科			

凭证 9-45

吉林省长春市建筑安装工程统一发票

发票联

（印章：吉林省长春市地方税务局监制）

发票代码：22012364211
发票号码：201132500

付款单位：万隆股份有限公司　　开票日期：2011 年 12 月 14 日

工程名称	设备C			类别		竣工日期	
结算项目	单位	数量	单价	金额（万 千 百 十 元 角 分）		备注	
安装费				1 0 0 0 0 0			
管理费							
合计金额（大写）	壹仟元整			¥ 1,000.00			
承建单位	长春市完美安装公司			结算		转帐	
开户银行及账号							

开票单位（盖章有效）　　收款人：王阳　　开票人：古萍

（印章：长春市完美安装公司 发票专用章）

发票联

凭证 9-46

中国工商银行
转账支票存根 (吉)

$\frac{BE}{02}$ LXII03663921

科目 ____________

对方科目 ____________

出票日期 2011 年 12 月 14 日

收款人：	长春市完美安装公司
金　额：	1,000.00
用　途：	安装费

单位主管 郝敏　会计 陆娜

(25) 12 月 14 日，向南方公司销售风机-100X 产品 200 件，每件售价 200.00 元，价款为 40 000.00 元，销项税额为 6 800.00 元，货物对方自提，货款尚未收到。原始凭证见凭证 9-47～凭证 9-48。

凭证 9-47

吉林省增值税专用发票　　№623512

记账联

开票日期：2011年 12 月 14日

国税函（2011）500 号北京印钞厂

购货单位	名称：南方公司 纳税人识别号：132011635 地址、电话：南阳市 开户行及账号：建行阳光支行　53236232	密码区	42/-3947/->69*<818<35 7>/0/433>2*3-0+672>7* 1+-<<51+41+>*>58*8990 8880000<42+*31/58>>76	加密版本：01 2200041170 00495511

货物或应税劳务名称	规格型号	单位	数量	单价	金额	税率	税额
风机-100X		件	200	200.00	40，000.00	17%	6，800.00
合计					￥40，000.00		￥6，800.00
价税合计（大写）	⊗肆万陆仟捌佰元整						￥46，800.00

销货单位	名称：万隆股份有限公司 纳税人识别号：220121638978552 地址、电话：正阳路108号　5963652 开户行及账号：工行正阳支行　2206065305-29	备注	

收款人：　　复核：南玉　　开票人：方倩　　销货单位（章）

第二联：记账联　销货方记账凭证

（印章：万隆股份有限公司 发票专用章）

凭证 9-48

库存商品出库单

购货单位：　　　　年　月　日　　　　编号：

编号	名称及规格	单位	数量	单价	金额	备注
合计						

第二联　财务部

销售主管：　　发货：　　制单：

(26) 12 月 15 日，车间生产风机-100X 产品领用钢板 500 千克，圆钢 800 千克。生产风机-200X 产品领用钢板 1 000 千克，圆钢 500 千克。原始凭证见凭证 9-49。

凭证 9-49

领 料 单

领用部门：

编号：　　　　年　月　日

编号	类别	名称	规格	单位	数量		金额	
					请领	实发	单价	金额
合计								
用途								

第三联　交会计

发料人：　　记账：　　领料部门负责人：　　领料人：

(27) 12 月 16 日，仓库收到车间生产的风机-200X 产品 2 500 件。原始凭证见凭证 9-50。

凭证 9-50

库存商品入库单

年　　月　　日　　　　　　编号：

编号	名称	规格	数量	单价	金额	备注
合　　计						

主管：　　　　记账：　　　　验收：　　　　缴库部门主管：　　　　缴库：

(28) 12 月 17 日，根据 12 月 6 日与语华光公司签订的风机的销售合同，从仓库发出风机-100X 1 500 件、风机-200X 2 000 件，发往华光公司。开出增值税专用发票，其中风机-100X 价款为 300 000.00 元，增值税税额为 51 000.00 元，风机-200X 价款为 300 000.00 元，增值税税额为 51 000.00 元。同时开出转账支票一张，代垫运费 1 000.00 元。原始凭证见凭证 9-51～凭证 9-53。

凭证 9-51

吉林省增值税专用发票　　№623513

记账联

开票日期：2011年 12 月 19日

购货单位：
名　　称：华光公司
纳税人识别号：856236252265233
地址、电话：长春市前进大街958号
开户行及账号：建行开发区支行　2236235-65

密码区：
42/-3947/->69*<818<35
7>/0/433>2*3-0+672>7*
1+-<<51+41+>*>58*8990
8880000<42+*31/58>>76

加密版本：01
2200041170
00495511

货物或应税劳务名称	规格型号	单位	数量	单价	金额	税率	税额
风机-200X		件	2000	150.00	300，000.00	17%	51，000.00
风机-100X		件	1500	200.00	300，000.00	17%	51，000.00
合　　计					¥600，000.00		¥102，000.00
价税合计（大写）	柒拾万零贰仟元整				¥702，000.00		

销货单位：
名　　称：万隆股份有限公司
纳税人识别号：220121638978552
地址、电话：正阳路108号　5963652
开户行及账号：工行正阳支行　2206065305-29

备注：万隆股份有限公司 发票专用章

收款人：　　　复核：王伟　　　开票人：方倩　　　销货单位　（章）

国税函（2011）500 号北京印钞厂

第二联：记账联　销货方记账凭证

凭证 9-52

中国工商银行
转账支票存根（吉）

BE/02 LXII03663924

科目 ________

对方科目 ________

出票日期 2011 年 12 月 17 日

收款人：	市货运公司
金　额：	1,000.00
用　途：	代垫运费

单位主管 郝敏　会计 陆娜

凭证 9-53

库存商品出库单

购货单位：　　　　　　　　　　　　年　　月　　日　　　　　　　　编号：

编号	名称及规格	单位	数量	单价	金额	备注
合　计						

第二联　财务部

销售主管：　　　　　　　　发货：　　　　　　　　制单：

(29) 12 月 17 日，仓库收到车间生产的风机-100X 产品 1 000 件。原始凭证见凭证 9-54。

凭证 9-54

库存商品入库单

年　　月　　日　　　　　　　　编号：

编号	名称	规格	数量	单价	金额	备注
合　计						

主管：　　　　记账：　　　　验收：　　　　缴库部门主管：　　　　缴库：

(30) 12 月 18 日，收到银行收款通知，南方公司支付 12 月 14 日所欠货款。原始凭证见凭证 9-55。

凭证 9-55

中国工商银行 进账单（收账通知）　　№ 1166451

2011 年 12 月 18 日

出票人	全　称	南方公司	收款人	全　称	万隆股份有限公司
	账　号	53236232		账　号	2206065305-29
	开户银行	建行阳光支行		开户银行	工行正阳支行
人民币（大写）	肆万陆仟捌佰元整			千百十万千百十元角分	￥4680000
票据种类					
票据张数					
单位主管　会计　复核　记账			收款人开户盖章		

（印章：中国工商银行 正阳支行 2011.12.18 转讫）

此联是收款人开户银行交给收款人的收账通知

(31) 12 月 19 日，收到顺畅公司开来的转账支票 20 000.00 元，为本公司应分得的投资利润，当日送存银行。原始凭证见凭证 9-56。

凭证 9-56

中国工商银行 进账单（收账通知） №1166459

2011 年 12 月 19 日

出票人	全称	顺畅公司	收款人	全称	万隆股份有限公司
	账号	220606965833		账号	2206065305-29
	开户银行	工行新发支行		开户银行	工行正阳支行
人民币（大写）	贰万元整			千百十万千百十元角分	¥2000000
票据种类			中国工商银行 正阳支行 2011.12.19 转讫		
票据张数					
单位主管 会计 复核 记账			收款人开户盖章		

此联是收款人开户银行交给收款人的进账通知

(32) 12 月 19 日，中华工厂购买风机-100X 产品 500 件，单价 150.00 元，增值税率 17%。收到转账支票一张，已存入银行。原始凭证见凭证 9-57～凭证 9-59。

凭证 9-57

中国工商银行 进账单（收账通知） №1166460

2011 年 12 月 19 日

出票人	全称	中华公司	收款人	全称	万隆股份有限公司
	账号	5550988		账号	2206065305-29
	开户银行	建行卫星路支行		开户银行	工行正阳支行
人民币（大写）	捌万柒仟柒佰伍拾元整			千百十万千百十元角分	¥8775000
票据种类			中国工商银行 正阳支行 2011.12.19 转讫		
票据张数					
单位主管 会计 复核 记账			收款人开户盖章		

此联是收款人开户银行交给收款人的进账通知

凭证 9-58

吉林省增值税专用发票 №623514

记账联

开票日期：2011年 12 月 19日

购货单位	名称：中华工厂 纳税人识别号：632658656566525 地址、电话：长春市新民大街32号 开户行及账号：建行新民支行 13252523232			密码区	42/-3947/->69*<818<35 7>/0/433>2*3-0+672>7* 1+-<<51+41+>*>58*8990 8880000<42+*31/58>>76		加密版本：01 2200041170 00495511
货物或应税劳务名称	规格型号	单位	数量	单价	金额	税率	税额
风机-100X		件	500	150.00	75，000.00	17%	12，750.00
合计					¥75，000.00		¥12，750.00
价税合计（大写）	⊗捌万柒仟柒佰伍拾元整						¥87，750.00
销货单位	名称：万隆股份有限公司 纳税人识别号：220121638978552 地址、电话：正阳路108号 5963652 开户行及账号：工行正阳支行 2206065305-29			备注	万隆股份有限公司 发票专用章		

收款人： 复核：王伟 开票人：方倩 销货单位 （章）

国税函（2011）500号北京印钞厂

第二联：记账联 销货方记账凭证

凭证 9-59

库存商品出库单

购货单位：　　　　　　　　　　　　　　年　　月　　日　　　　　　　　编号：

编号	名称及规格	单位	数量	单价	金额	备注
合　计						

第二联　财务部

销售主管：　　　　　　　　　　　　发货：　　　　　　　　　　　　制单：

(33) 12 月 20 日，仓库收到车间完工产品风机-200X 产品 2 000 件。原始凭证见凭证 9-60。

凭证 9-60

库存商品入库单

年　　月　　日　　　　　　　　编号：

编号	名称	规格	数量	单价	金额	备注
合　计						

主管：　　　　　　记账：　　　　　　验收：　　　　　　缴库部门主管：　　　　　　缴库：

(34) 12 月 21 日，开出转账支票支付电视台广告费 8 000.00 元。原始凭证见凭证 9-61 和凭证 9-62。

凭证 9-61

中国工商银行转账支票存根

中国工商银行
转账支票存根 (吉)

BE/02 LXII037441201

科目

对方科目

出票日期 2011 年 12 月 21 日

收款人：	市电视台
金　额：	8,000.00
用　途：	广告费

单位主管 郝敏 会计 陈娜

凭证 9-62

长春市广告业专用发票

（全国统一发票监制章 发票联 INVOICE）

发票号码 10002678

2011 年 12 月 21 日

客户名称	万隆股份有限公司		地址									
项目	摘要	数量	单价	十	万	千	百	十	元	角	分
电视广告						8	0	0	0	0	0
金额合计（大写）	捌万元整					8	0	0	0	0	0

广告收费专用章：　　地址：　　制单：

第二联：发票

（长春电视台 发票专用章）

(35) 12 月 22 日，开出转账支票，上缴上月职工养老保险金 30 000.00 元，其中单位缴 22 000.00 元，个人缴 8 000.00 元。原始凭证见凭证 9-63。

凭证 9-63

中国工商银行
转账支票存根（吉）

BE/02 LXII037441202

科目

对方科目

出票日期 2011 年 12 月 22 日

收款人：	市社保
金　额：	30,000.00
用　途：	支纳养老保险

单位主管 郝敏 会计 陈娜

(36) 12 月 24 日，仓库收到车间生产的风机-100 X 产品 2 000 件。原始凭证见凭证 9-64 和凭证 9-65。

凭证 9-64

库存商品入库单

年　月　日　　　　编号：

编号	名称	规格	数量	单价	金额	备注
合　计						

主管：　　记账：　　验收：　　缴库部门主管：　　缴库：

凭证 9-65

专用收款收据存根

收款日期 2011 年 12 月 22 日

缴款单位	万隆股份有限公司	收款单位（领款人）	市社保公司	收款项目	养老保险
人民币（大写）	贰万壹仟元整	千百十万千百十元角分 ¥2100000		结算方式	转账
收款事由	支付养老保险	经办	部门		
			人员		
	会计主管	稽核	出纳	交款人	
	刘娜		张庭	高伟	

第三联 付款单位收据

（印章：长春市社会保险公司 财务专用章）

(37) 12 月 25 日，向明华有限公司销售风机-100X 产品 1 000 件，单价 200.00 元，风机-200X 产品 1 200 件，单价 150.00 元，增值税税率为 17%，开出转账支票一张，支付代垫运杂费 4 100.00 元。收到明华公司开出的为期 3 个月的不带息银行承兑汇票 448 700.00 元。原始凭证见凭证 9-66～凭证 9-69。

凭证 9-66

银行承兑汇票　2　G1/02　04200092

出票日期（大写）贰零壹壹年 拾贰 月贰拾伍 日

付款人	全称	明华有限公司	收款人	全称	万隆股份有限公司
	账号	2263523		账号	2206065305-29
	开户银行	工行松江支行 行号		开户银行	正阳支行 行号
汇票金额	人民币（大写）	肆拾肆万捌仟柒佰元整		亿千百十万千百十元角分	¥44870000
汇票到期日		商品发运情况		购销合同号	
本汇票已经本单位承兑，到期日无条件支付。此致 收款人 付款人盖章 负责： 经办： 2011年12月25日			汇票签发人盖章 负责：郝敏 经办：吕燕		

（印章：中国工商银行 正阳支行 2011.12.25 转讫）

凭证 9-67

吉林省增值税专用发票　№623515

记账联　　开票日期：2011年 12 月 25日

购货单位	名称：明华有限公司 纳税人识别号：332532329687616 地址、电话：松原市松江区 开户行及账号：工行松江支行　2263523			密码区	42/-3947/->69*<818<35 7>/0/433>2*3-0+672>7* 1+-<<51+41+>*>58*8990 8880000<42+*31/58>>76		加密版本：01 2200041170 00495511	
货物或应税劳务名称	规格型号	单位	数量	单价	金额	税率	税额	
风机-100X		件	1000	200.00	200，000.00	17%	34，000.00	
风机-200X		件	1200	150.00	180，000.00	17%	30，600.00	
合计					¥380，000.00		¥64，600.00	
价税合计（大写）	⊗肆拾肆万肆仟陆佰元整						¥444，600.00	
销货单位	名称：万隆股份有限公司 纳税人识别号：220121638978552 地址、电话：正阳路108号　5963652 开户行及账号：工行正阳支行　2206065305-29			备注				

收款人：　　复核：王伟　　开票人：方倩　　销货单位（章）

国税函（2011）500 号北京印钞厂

第二联：记账联 销货方记账凭证

（印章：万隆股份有限公司 发票专用章）

凭证 9-68

中国工商银行
转账支票存根 (吉)

BE/02 LXII03741205

科目

对方科目

出票日期 2011 年 12 月 25 日

收款人: 市运输公司

金　额: 4,100.00

用　途: 代垫运费

单位主管 郝敏 会计 陈娜

凭证 9-69

库存商品出库单

购货单位:　　　　　　　　　　　　年　　月　　日　　　　　　编号:

编号	名称及规格	单位	数量	单价	金额	备注
合　计						

第二联　财务部

销售主管:　　　　　　　　发货:　　　　　　　　制单:

(38) 12 月 25 日，根据应付职工薪酬结算汇总表，编制应付职工薪酬费用分配表。本月应付职工薪酬总额 100 000.00 元，其中：厂部管理人员工资 4 000.00 元，车间管理人员工资 12 000.00 元，车间生产工人工资 84 000.00 元，并编制应付职工薪酬明细表，按 8%计提养老保险费。原始凭证见凭证 9-70 和凭证 9-71。

凭证 9-70

应付职工薪酬费用分配表

20××年 12 月 25 日　　　　　　单位：元

应借账户	车间	厂部	福利部门	合计
风机 100X	50 000.00			50 000.00
风机 200X	34 000.00			34 000.00
制造费用	12 000.00			12 000.00
管理费用		4 000.00		4 000.00
合计	96 000.00	4 000.00		100 000.00

财务主管：郝敏　　　　审核：常磊　　　　制单：陈娜

凭证 9-71

应付职工薪酬计算表

20××年 12 月 26

项　　目	计时工资	计件工资	奖金	津贴及补助	加班工资	应发工资	养老保险	实发工资
风机 100X	27 000.00	7 000.00	8 600.00	5 500.00	1 900.00	50 000.00	4 000.00	46 000.00
风机 200X	23 600.00	5 700.00	2 000.00	1 700.00	1 000.00	34 000.00	2 720.00	31 280.00
车间管理人员	9 000.00		1 200.00	900.00		12 000.00	960.00	11 040.00
厂部管理人员	3 500.00		300.00	200.00		4 000.00	320.00	3 680.00
合计	63 100.00	12 700.00	12 100.00	8 300.00	2 900.00	100.000.00	8 000.00	92 000.00

财务主管：郝敏　　　　　　　审核：常磊　　　　　　　制单：陈娜

(39) 12 月 26 日，填制现金支票，提取现金 92 000.00 元，当日发放本月工资。原始凭证见凭证 9-71 和凭证 9-72。

凭证 9-72

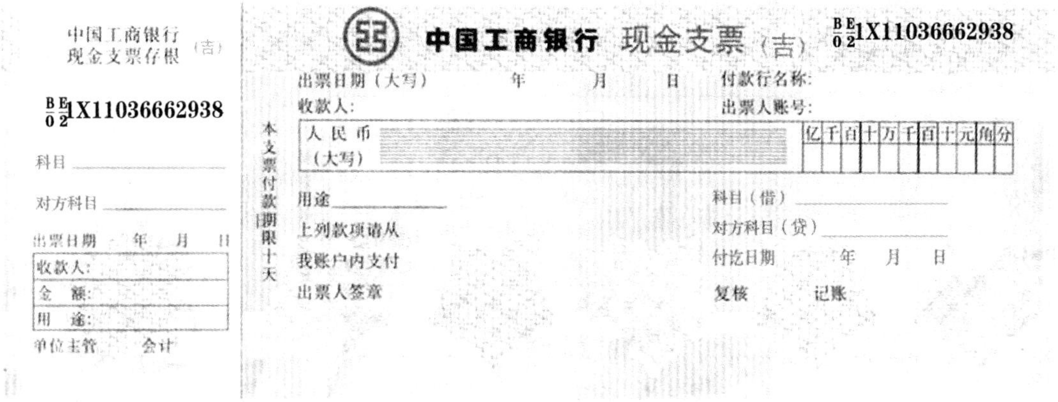
中国工商银行
现金支票存根 (吉)
BE 02 1X11036662938
科目
对方科目
出票日期　年　月　日
收款人:
金　额:
用　途:
单位主管　会计

中国工商银行 现金支票 (吉)　BE 02 1X11036662938
出票日期（大写）　年　月　日　付款行名称:
收款人:　出票人账号:
人民币（大写）　亿 千 百 十 万 千 百 十 元 角 分
本支票付款期限十天
用途　科目（借）
上列款项请从　对方科目（贷）
我账户内支付　付讫日期　年　月　日
出票人签章　复核　记账

(40) 12 月 26 日，开出转账支票，支付所欠四方实业有限公司材料款 60 840.00 元。原始凭证见凭证 9-73。

凭证 9-73

中国工商银行
转账支票存根 (吉)
BE 02 LXII03741206
科目
对方科目
出票日期 2011 年 12 月 26 日
收款人: 四方实业有限公司
金　额: 60,840.00
用　途: 支付材料款
单位主管 郝敏 会计 陈娜

(41) 12 月 27 日，收到银行转来的华光公司风机产品剩余欠款的入账通知，金额 403 000.00 元。原始凭证见凭证 9-74。

凭证 9-74

中国工商银行 进账单（收账通知） № 1166510

2011 年 12 月 27 日

出票人	全　称	华光公司	收款人	全　称	万隆股份有限公司
	账　号	623526232		账　号	2206065305-29
	开户银行	工商行明德支行		开户银行	工行正阳支行
人民币（大写）	肆拾万零叁仟元整			千百十万千百十元角分	￥40300000
票据种类					
票据张数					
单位主管　会计　复核　记账			收款人开户盖章		

中国工商银行 正阳支行 2011.12.27 转讫

此联是收款人开户银行交给收款人的进账通知

(42) 12 月 28 日计提 12 月企业职工养老保险金，原始凭证见凭证 9-75。

凭证 9-75

职工养老保险计提表

20××年 12 月 28 日

项　目	风机-100X	风机-200X	车间管理人员	厂　部	合　计
养老保险	11 000.00	7 480.00	2 640.00	880.00	22 000.00

注：企业承担部分，计提比率为本月应发工资的 22%。

(43) 12 月 31 日计提本月折旧费用。原始凭证见凭证 9-76。

凭证 9-76

固定资产折旧计算表

20××年 12 月 31 日

固定资产	原价	月折旧率	本月折旧
厂房	2 800 000.00	2%	56 000.00
电脑(厂部)	99 450.00	3%	2 983.50
依维柯客车(厂部)	190 800.00	1%	1 908.00
货车	50 000.00	1%	
设备 A	75 800.00	2%	1 516.00
设备 B	142 700.00	2%	2 854.00
设备 C	72 700.00	2%	
合　计	634 250.00		65 261.50

财务主管：郝敏　　审核：常磊　　制单：陈娜

(44) 12 月 31 日仓库收到车间完工产品风机-200X 3 000 件，验收入库。原始凭证见凭证 9-77。

凭证 9-77

库存商品入库单

年　月　日　　　　　编号：

编号	名称	规格	数量	单价	金额	备注
合　计						

主管：　　记账：　　验收：　　缴库部门主管：　　缴库：

(45) 12 月 31 日，向变通股份有限公司销售风机-100X 产品 1 000 件，单价 200.00 元，风机-200X 产品 1 500 件，单价 150.00 元，开出增值税专用发票，货款共计 425 000.00 元，增值税 72 250.00 元。货物自提，货款尚未收到。原始凭证见凭证 9-78 和凭证 9-79。

凭证 9-78

吉林省增值税专用发票　№623516

记账联

开票日期：2011年 12 月 25日

购货单位	名称：变通股份有限公司 纳税人识别号：13201679 地址、电话：广东省深圳市福田路2号 开户行及账号：建行福田支行　85623235-635			密码区	42/-3947/->69*<818<35 7>/0/433>2*3-0+672>7* 1+-<<51+41+>*>58*8990 8880000<42+*31/58>>76	加密版本：01 2200041170 00495511	
货物或应税劳务名称	规格型号	单位	数量	单价	金额	税率	税额
风机-100X 风机-200X		件 件	1000 1500	200.00 150.00	200，000.00 225，000.00	17% 17%	34，000.00 38，250.00
合计					¥425，000.00		¥72，250.00
价税合计（大写）	⊗肆拾玖万柒仟贰佰伍拾元整						¥497，250.00
销货单位	名称：万隆股份有限公司 纳税人识别号：220121638978552 地址、电话：正阳路108号　5963652 开户行及账号：工行正阳支行　2206065305-29			备注			

收款人：　　复核：姚丽　　开票人：方倩　　销货单位（章）

国税函（2011）500 号北京印钞厂

第二联：记账联　销货方记账凭证

万隆股份有限公司 发票专用章

凭证 9-79

库存商品出库单

购货单位：　　　　年　月　日　　　　编号：

编号	名称及规格	单位	数量	单价	金额	备注
合　计						

第二联　财务部

销售主管：　　发货：　　制单：

(46) 结转本月发出的原材料、周转材料的成本。原始凭证见凭证 9-80。

凭证 9-80

发出原材料、周转材料汇总表

年　　月　　日

科目	材料名称	领用数量	单价	金额	备注
生产成本——风机-100X	钢板				
	圆钢				
	木箱				
	合计				
生产成本——风机-200X	钢板				
	圆钢				
	木箱				
	合计				
制造费用	涂料				
	手套				
	工作服				
	合计				
合　　计					

(47) 12 月 31 日，按产品生产工时比例，分配制造费用。原始凭证见凭证 9-81 和凭证 9-82。

凭证 9-81

产品生产工时

车间	产品	工时
基本生产车间	风机-100X	800
	风机-200X	1 200

凭证 9-82

制造费用分配表

年　　月　　日

分配对象	分配标准	分配率	分配金额
合计			

财务主管：　　　　　　　　审核：　　　　　　　　制单：

(48) 结转本月完工产品成本，本月两种产品全部完工验收入库。原始凭证见凭证 9-83～凭证 9-85。

凭证 9-83

产品成本计算单

产品名称：风机-100X　　　　　　　年　　月　　日　　　　　　　完工产品产量：5 000 件

项目	直接材料	直接人工	制造费用	直接其他支出	合计
期初余额					
本期发生额					
合计					
完工产品成本					
期末在产品成本					

凭证 9-84

产品成本计算单

产品名称：风机-200X　　　　　　　年　　月　　日　　　　　　　完工产品产量：7 500 件

项目	直接材料	直接人工	制造费用	直接其他支出	合计
期初余额					
本期发生额					
合 计					
完工产品成本					
期末在产品成本					

凭证 9-85

库存商品入库汇总表

年　　月　　日

库存商品名称	规格	计量单位	数量	单位成本	金额
合计					

(49) 12 月 31 日，按本月应交增值税额的 7%计算应交城市维护建设税，按应交增值税额的 3%计算教育费附加。

(50) 12 月 31 日，结转本月售出产品成本。原始凭证见凭证 9-86。

凭证 9-86

库存商品出库汇总表

年　　月　　日

库存商品名称	规格	计量单位	数量	单位成本	金额
合计					

(51) 12 月 31 日，对应收账款计提坏账准备(计提比例 5‰)。

(52) 12 月 31 日，将各项损益类账户的余额，转入“本年利润”账户。

(53) 计算本月应交纳的所得税(税率 25%)并结转所得税费用。

(54) 12 月 31 日，按税后利润 10%计提盈余公积。

(55) 按全年未分配利润净额的 50%分配股利。

(56) 12 月 31 日，结转“本年利润”账户的余额，同日将“利润分配”各明细账户的余额转入“利润分配——未分配利润”明细分类账。